Benita von Eichborn

Hülsenfrüchte in der Vollwertküche

Schmackhafte Rezepte und praktischer Rat

Gräfe und Unzer

Umschlagfotos
Vorderseite: Die ganze Vielfalt der Hülsenfrüchte ist hier vereint. Sie reicht vom kühlen und knackigen Rotweißem Bohnensalat, Rezept Seite 37, über herzhaft gewürzte Spezialitäten wie Pilaw aus Azukibohnen, Rezept Seite 55, bis hin zu süßen Leckereien wie Sojakonfekt, Rezept Seite 66.
2. Umschlagseite: Indischer Bohnen-Kürbis-Curry, Rezept Seite 53, der sein besonderes Gepräge durch die exotischen Gewürze erhält, eignet sich vorzüglich für ein sommerliches Gäste-Essen.
3. Umschlagseite: Hülsenfrüchte bringen Abwechslung in die Küche, wenn man sich ihrer breiten Palette bedient. Genaue Beschreibung finden Sie auf Seite 14ff. und Seite 104.
Rückseite: Mit dem Cassoulet mit roten Bohnen, Rezept Seite 41, den Linsenspätzle, Rezept Seite 44, und der Weißen-Bohnen-Suppe mit Klößchen, Rezept Seite 23 läßt sich die Alltagsküche bereichern.

CIP-Kurztitelaufnahme der Deutschen Bibliothek

Eichborn, Benita von:

Hülsenfrüchte in der Vollwertküche: schmackhafte Rezepte u. prakt. Rat / Benita von Eichborn. – München: Gräfe und Unzer, 1984.

ISBN 3-7742-1813-7

1. Auflage 1984

Redaktion: Elisabeth Döpp
Farbfotos: Susi und Pete A. Eising
Zeichnungen: Ingrid Schütz, Gerlind Bruhn
Umschlaggestaltung: Heinz Kraxenberger
Reproduktionen: Brend'amour, Simhart & Co.
Satz und Druck: Georg Appl
Bindung: R. Oldenbourg

ISBN 3-7742-1813-7

Benita von Eichborn
lernte in einer Haushaltsschule kochen, richtig gut kochen dann bei ihrem Vater, der begeisterter Hobbykoch war. Später bewirtete sie im Ausland viele anspruchsvolle Gäste. Nachdem sie lange Jahre als Buchhändlerin tätig war, hat sie sich nun ihrem Hobby, dem Kochen, ganz zugewendet. Ihr besonderes Interesse gilt inzwischen der Vollwertküche. Benita von Eichborn lebt am Ammersee/Bayern und beschäftigt sich intensiv mit der Reformküche Bircher-Benners und Kollats und erweitert ihr Wissen über gesunde Ernährung durch Teilnahme an Kursen und Seminaren.

Inhalt

Inhalt

Ein Wort zuvor

Bohnen, Erbsen und Linsen werden in unserer Küche wieder neu entdeckt. Gegen Ende der fünfziger Jahre, als wir unsere Eßlust an Hühnchen, Steaks und Braten stillten, gerieten die Hülsenfrüchte etwas in Vergessenheit. Dabei waren sie bei uns – ähnlich wie heute noch im Orient und in Lateinamerika – ein Volksnahrungsmittel und Grundlage für viele herzhafte Gerichte.

In der Vollwertküche finden Bohnen, Erbsen und Linsen besondere Beachtung. Das Hülsenfruchtangebot in den Naturkostläden ist reichhaltig und findet großen Anklang. Und dies mit gutem Grund: In Verbindung mit Getreide ist eine Hülsenfruchtmahlzeit reich an hochwertigem Eiweiß. Freilich bedürfen Hülsenfrüchte, die beispielsweise keine Vitamin C enthalten, einer Aufwertung durch insbesondere rohes Gemüse und Obst. Um Ihnen zu zeigen, wie man sich mit Hülsenfrüchten gesund und vollwertig ernährt, bringt dieses Buch konkrete Rezeptbeispiele für ergänzende Vorspeisen, Beilagen und Nachspeisen.

Erbsen, Bohnen und Linsen, das beweist diese Rezeptauswahl, schmecken auch ohne Fleischzutat ganz ausgezeichnet. Verzichten Sie auf kalorienreichen Speck und fette Würste und lassen Sie neue Gewürzkombinationen zur Geltung kommen. Die köstlichen Gerichte dieses Buches bieten dazu vielfältige Gelegenheit, und die Tabelle mit Würzvorschlägen gibt Ihnen Anleitung zum eigenen Experimentieren in der Hobbyküche.

Die prächtigen Farbfotos vermitteln einen Eindruck davon, wie abwechslungsreich und lecker Hülsenfrüchte zubereitet werden können, wenn man sie in der Vollwertküche verwendet. Die Palette ist groß: Sie reicht von geradezu edel schmeckenden Suppen bis zu herzhaften Eintöpfen aus heimischen Regionen, von verführerisch duftenden Ausläufen bis zu scharf gewürzten Gerichten aus den fernen Ursprungsländern der Hülsenfrüchte, von kühlen Salaten bis zu feinen Desserts, knusprigem Gebäck und sogar Konfekt.

Den Erfolg, den ich mit vielen ausprobierten Gerichten bei meinen Gästen ernten durfte, läßt mich hoffen, daß dieses Buch Ihnen Freude bereiten wird.

Viel Vergnügen beim Ausprobieren der Rezepte wünscht Ihnen

Ihre Benita von Eichborn

Alle Rezepte sind, wenn nicht anders angegeben, für 4 Personen angegeben.

Hülsenfrüchte und ihr Nährwert

Die Ordnung der Hülsenfrüchter – mit der Hülse als kennzeichnender Frucht – ist nahezu unüberschaubar groß. Mehr als 12000 Pflanzen gehören zu den Leguminosen, so der botanische Sammelbegriff für diese Pflanzenordnung. Eine Unterklasse dieser großen Ordnung bilden die Schmetterlingsblüter, die Papilionazeen, wie die botanische Bezeichnung lautet. Ihren Namen verdanken sie der Form ihrer Blüten. Mehr jedoch als an einen Schmetterling erinnern diese an einen fliegenden Vogel. Zu den Schmetterlingsblütern gehören Bohnen, Erbsen und Linsen, um die es in diesem Buch geht. Ihre reifen trockenen Samen sind gemeint, wenn in der Küchensprache von Hülsenfrüchten die Rede ist. Die Pflanzen unterscheiden sich stärker in der Form ihrer Blätter und in ihrem Wuchs. Erbsen und Linsen sind krautartig rankende Pflanzen mit gefiederten Blättern. Bei Bohnen gibt es zwei recht unterschiedliche Formen. Die Ackerbohnen und dicken Bohnen (Vicia faba), auch als Puffbohnen oder Pferdebohnen bekannt, gehören wie die Linsen zu den Wickengewächsen. Sie haben aufrecht stehende Stengel, fette, paarig gefiederte Blätter und steife dickschalige Hülsen. Die kleine Acker- oder Viehbohne wird als Grün- und Mastfutter angebaut; die großsamigen Gartenbohnen als Gemüse.

Zur zweiten Bohnengruppe (Phaseoleen) gehören die Buschbohnen und Stangenbohnen. Sie haben dreizählige Blätter, gestielte Blütentrauben und hängende Hülsen. Die nur 30–40 cm hohen Buschbohnen sind eine Zuchtform aus den windenden Stangenbohnen. Sie lassen sich leichter abernten als die über 2 m hohen Stangenbohnen.

Nur etwa 25 cm hoch wird die ursprünglich hochrankende Linse mit ihren weiß-violett geäderten oder bläulichen zahlreichen Blüten.

Hülsenfrüchte gehören zu den ältesten Kulturpflanzen. Sie stammen aus dem Orient. Die Erbse wurde bei uns bereits in vorgeschichtlicher Zeit kultiviert. Sie ist weniger kälteempfindlich als Bohnen und Linsen und wird auch heute noch in vielen Ländern der nördlichen Hemisphäre feldmäßig angebaut. Die bedeutendsten Anbaugebiete liegen in den USA, in Dänemark und Holland. Bohnen werden bei uns nur als Frischgemüse, als grüne Bohnen angebaut, zum Ausreifen brauchen die Samen eine lange Wärmeperiode. Die bekanntesten Importländer für Hülsenfruchtbohnen sind für uns Äthiopien, Bulgarien, Argentinien und die USA. Die Linsen sind im Mittelmeergebiet und in Südwestasien zu Hause. Sie lieben ein trockenes heißes Klima. Die größten Anbaugebiete befinden sich in Ägypten, Pakistan und in der Türkei.

So unterschiedlich die Hülsenfrüchte im äußeren Erscheinungsbild, im Anspruch an die Bodenbeschaffenheit und an das Klima sein mögen, sie haben mit vielen anderen Schmetterlingsblütern eine ganz besondere Eigenschaft gemeinsam. Sie sind Stickstoffsammler und deswegen gut zur Gründüngung geeignet. Man sät zum Beispiel Luzerne und pflügt diese dann unter. Oder man baut Luzerne mit anderen Feldfrüchten zusammen an. Die Eigenschaft, Stickstoff zu sammeln, steht also im engen Zusammenhang mit dem in den Samen der Hülsenfrüchte enthaltenen Eiweiß. Dieses Eiweiß ist dem tierischen Eiweiß sehr ähnlich, es enthält fast ebensoviel essentielle Aminosäuren, freilich wenig Methionin (ebenfalls eine Aminosäure). Deshalb sollte man Hülsenfrüchte mit methioninreichen Nahrungsmitteln wie Getreide ergänzen. Die Sojabohne übertrifft tierisches Eiweiß sogar in der Menge einiger dieser lebenswichtigen Aminosäuren. Man spricht in diesem Zusammenhang von einer hohen biologischen Wertigkeit. Biologische Wertigkeit ist ein Begriff aus der Ernährungswissenschaft.

Man versteht darunter die Anzahl an Gramm Körpereiweiß, die von 100 g des in der Nahrung vorkommenden Eiweißes ersetzt werden kann.

Hülsenfrüchte und ihr Nährwert

Von einem Nahrungseiweiß geringer biologischer Wertigkeit müssen wir mehr zu uns nehmen, damit unser Körper 1 g Körpereiweiß bilden kann, als von einem Nahrungsmittel hoher biologischer Wertigkeit. Die Qualität des Eiweißes eines Nahrungsmittels hängt vom Gehalt seiner für den Körper nutzbaren essentiellen Aminosäuren ab und davon, wie weit das Eiweiß bei der Biosynthese, der Zellverdauung, umgesetzt wird. Eiweiß pflanzlicher Lebensmittel enthält im allgemeinen weniger essentielle Aminosäuren als das tierischer Herkunft. Dennoch muß eine rein pflanzliche Ernährung nicht weniger gesund sein als eine, die tierisches Eiweiß, vor allem Fleisch, mit einbezieht, vorausgesetzt sie besteht aus einer pflanzlichen Mischkost. Die essentiellen Aminosäuren der verschiedenen Lebensmittel ergänzen einander, dadurch erfährt das mit ihnen aufgenommene Eiweiß eine Aufwertung. Die beste Ergänzung für Hülsenfrüchte ist das Getreide. Das spektakulärste Beispiel bilden Mais und Bohnen. Beide haben verglichen mit Fleisch oder Fisch keine hohe biologische Wertigkeit. Verzehrt man sie zusammen, erreicht das aufgenommene Eiweiß fast die Qualität von Hühnerei, dessen biologische Wertigkeit bedeutend höher als die von Fleisch ist. Es ist also nicht empfehlenswert, nur Hülsenfrüchte bei einer Mahlzeit zu verzehren.

Dieses Plädoyer für den Verzehr von Hülsenfrüchten als Eiweißträger darf nicht falsch verstanden werden. Das Hülsenfruchtprotein ist sehr kompakt, außerordentlich sättigend aber auch schwer verdaulich. Wo die Grenze des Verträglichen liegt, muß jeder selbst in Erfahrung bringen.

Bohnen, Erbsen und Linsen enthalten nicht nur Eiweiß, sondern auch viel Kohlenhydrate, verschwindend wenig Fett, Mineralstoffe, einige Vitamine und für die Verdauung wichtige Stoffe – insbesondere in den Schalen, die reichlich Ballaststoffe enthalten. Einen Überblick über den Nährwert und den Anteil an Ballaststoffen zeigt die untenstehende Tabelle.

Lebensmittel (je 100 g verzehrbarer Anteil)	Eiweiß g	Fett g	Kohlenhydrate g	Ballaststoffe g	Natrium mg	Kalium mg	Calcium mg	Phosphor mg	Magnesium mg
Bohnen, weiß	21,3	1,6	57,6	4,0	2	1310	106	429	132
Erbsen, gelb, geschält	23,0	1,4	60,7	1,4	30	944	45	301	125
Kichererbsen	19,8	3,4	59	4,1	27	580	110	428	–
Linsen	23,5	1,4	56,2	3,9	4	810	74	412	–
Sojabohnen	37	18,0	27,0	4,3	4	1740	257	591	247

	Eisen g	Vitamin A I.A.	Vitamin B_1 mg	B_2 mg	Niacin mg	C mg
Bohnen, weiß	6,1	100	0,46	0,16	2,1	2
Erbsen, gelb, geschält	5,2	26	0,71	0,21	3,0	1
Kichererbsen	7,2	45	0,48	0,18	1,6	4
Linsen	6,9	25	0,43	0,26	2,2	–
Sojabohnen	8,6	95	1,0	0,505	2,5	–

(aus: Cremer, Die große Nährwerttabelle 1984/85)

Hülsenfrüchte in der Küche

Im Gegensatz zu frischem Gemüse sind die kleinen runden oder ovalen harten Samen ihrer langen Lebensdauer wegen unproblematisch in Lagerung und Verarbeitung. Doch auch mit ihnen muß man behutsam umgehen, wenn sie unserer Gesundheit dienen sollen. Bereits beim Einkauf fängt die Vorsorge an.

Einkaufen und Aufbewahren

Wenn möglich sollten Hülsenfrüchte, die wir in der Vollwertküche verwenden, aus biologischem Anbau stammen. Abgesehen davon, daß sie dann ein besonders intensives Aroma haben, enthalten sie auch alles in allem wenig Schadstoffrückstände. Es gibt Importeure, die sich darauf spezialisiert haben, Bio-Läden mit biologisch angebauten Hülsenfrüchten zu beliefern. Wenn das wegen einer zeitweiligen Verknappung nicht möglich ist, achten sie wenigstens darauf, daß bei der Ware keine Konservierungsstoffe und keine Schutzmittel gegen Parasitenbefall verwendet wurden.
Man sieht Bohnen, Erbsen und Linsen nicht an, ob sie aus der letzten oder der vorletzten Ernte stammen. Es heißt zwar, daß überalterte Hülsenfrüchte runzelig werden. Doch habe ich selbst in meinen Vorräten eine Tüte mit weißen Bohnen, die mehrere Jahre alt sind und nichts von ihrer glatten Fülle verloren haben. Diese Bohnen wandern natürlich nicht mehr in den Kochtopf. Trotz der fast unbegrenzten Haltbarkeit sollte man möglichst Hülsenfrüchte aus der letzten Ernte kaufen. Je älter die Samen, desto härter sind sie, desto längere Garzeiten benötigen sie.
Hülsenfrüchte werden gewöhnlich in Klarsichthüllen verpackt angeboten. Und weil sie sich so ehrlich unseren Blicken darbieten, sollten wir sie auch prüfend in Augenschein nehmen. Sehen sie unsauber aus, sind sie mit kleinen Steinen durchsetzt oder deuten gar Löcher in den Samen auf Käferbefall hin, suchen wir nach besserer Qualität.
Das Aufbewahren bereitet keine Probleme. In der Originalverpackung an einem trockenen Ort und vor Licht geschützt, können Hülsenfrüchte als Vorrat etwa 1 Jahr – also von einer Ernte bis zur nächsten – gelagert werden. Kauft man größere Mengen lose ein, etwa aus dem großen Sack im Naturkostladen, was preisgünstiger sein kann, empfiehlt es sich, den Vorrat in einen Baumwollsack zu füllen und aufzuhängen. So haben es Kornkäfer schwerer, sich einzunisten, und außerdem kommt es bei dieser luftigen Lagerung nicht zu dem muffigen Geruch, den Hülsenfrüchte manchmal an sich haben.

Einweichen und Garen

Ungeschälte Hülsenfrüchte mit Ausnahme von Linsen müssen, damit sie beim Kochen weich werden, einige Zeit quellen. Die Quellzeiten richten sich nach dem Alter, nach der Qualität der Bohnen und Erbsen und nach dem Härtegrad des Wassers. Im allgemeinen beträgt die Zeit 8–12 Stunden. Man weicht sie also über Nacht ein, wenn sie zu Mittag gekocht und serviert werden sollen. In einem Kochbuch von 1899 heißt es in einem Rezept für getrocknete Erbsen: »1 Liter Erbsen liest man abends vor Gebrauch, wäscht sie und quellt sie in 2 Liter Flußwasser die Nacht hindurch ein. Mit demselben Wasser setzt man sie ans Feuer und läßt sie einmal aufkochen, dann gießt man das Wasser behutsam ab, gibt noch einmal ebensoviel anderes kochendes Wasser darüber und läßt sie kochen, bis sich alle Hülsen ablösen ...« Sicher war die Autorin der Ansicht, daß Flußwasser weniger Kalk enthält als Leitungswasser. Heutzutage macht man es so:

Hülsenfrüchte in der Küche

- Die Hülsenfrüchte wenn nötig verlesen, das heißt Steinchen und sonstige Verunreinigungen herauslesen. Die Hülsenfrüchte in reichlich kaltem Wasser waschen und die sich an der Wasseroberfläche absetzenden Bohnen oder Erbsen entfernen. Die Hülsenfrüchte in einem Sieb abtropfen lassen und in einem Topf mit der zweieinhalb bis dreifachen Menge Wasser übergießen; das sind bei 300 g Hülsenfrüchten etwa 1–1½ l Wasser. Die Hülsenfrüchte dann zugedeckt 8–12 Stunden weichen lassen. Besonders kalkhaltiges Wasser vorher abkochen und vor Gebrauch wieder abkühlen lassen. Wenn die Hülsenfrüchte aus biologischem Anbau stammen, werden sie im Einweichwasser gegart, andernfalls sollte das Wasser abgegossen und durch frisches ersetzt werden. Es besteht die Gefahr, daß bei Hülsenfrüchten aus konventionellem Anbau Schadstoffablagerungen auf den Hülsenfrüchten im Einweichwasser gelöst werden. Aber auch Wertstoffe gehen bei einer so langen Quellzeit ins Einweichwasser über, deshalb wird es, wenn die Qualität es erlaubt, zum Garen verwendet.
- Die gequollenen Hülsenfrüchte bei starker Hitze zum Kochen bringen. Den sich anfangs bildenden Schaum nicht abschöpfen. Er wird durch das Hülsenfruchteiweiß verursacht und löst sich nach einigen Minuten von selbst auf. Gibt man 1 Teelöffel Öl ins Kochwasser, bildet sich nicht soviel Schaum. Die Hitze dann reduzieren, so daß das Wasser noch wallend, jedoch nicht mehr sprudelnd kocht und die Hülsenfrüchte zugedeckt weich kochen. Das kann bis zu 2 Stunden dauern.
- Linsen und geschälte Hülsenfrüchte brauchen nicht eingeweicht zu werden. Die werden verlesen, gewaschen und wie oben beschrieben gegart. Je nach Sorte beträgt die Garzeit 30–60 Minuten.
- Es kann vorkommen, daß während des Garens noch etwas Wasser nachgefüllt werden muß. Dazu stets heißes Wasser verwenden, weil sonst die Hülsenfrüchte regelrecht »abgeschreckt« werden und nicht mehr weich kochen.
- Hülsenfrüchte stellen einige Anforderungen an unsere Verdauungsorgane. Sie werden leichter verdaulich, wenn man sie nach dem Garen noch 1–2 Stunden quellen läßt. Ideal dazu ist eine Kochkiste, in die man den Topf mit dem fertigen Gericht hineinstellt. Außerdem gibt es im Handel Thermotöpfe, in denen die Speisen gegart und beim Nachquellen warm gehalten werden. Diese Geräte leisten auch in der Getreideküche gute Dienste. Wer seine Ernährung auf Vollwertkost umstellen will, sollte die Anschaffung eines Thermokochtopfes oder einer Kochkiste ins Auge fassen. Das Nachquellen kann aber auch bei ganz schwacher Hitze auf der Kochplatte geschehen. Am besten stellt man den Topf dann noch auf einen Drahtuntersetzer.
- Der Dampfdrucktopf kann die Kochzeit von Hülsenfrüchten um etwa ⅔ verkürzen. Kompetente Fachleute auf dem Gebiet der Vollwerternährung lehnen das Garen im Dampfdrucktopf ab, weil darin recht schnell Temperaturen zwischen 110 und 120° erreicht werden. Das führt zu einer Denaturierung des wertvollen Eiweißes.
- Wenn Hülsenfrüchte vor dem Garen nicht quellen konnten, geht man folgendermaßen vor: Die Hülsenfrüchte verlesen, waschen und abtropfen lassen. Das abgemessene Wasser in einen Topf gießen, die Hülsenfrüchte zufügen, zum Kochen bringen und 2 Minuten sprudelnd kochen lassen. Den Topf dann von der Herdplatte nehmen und die Hülsenfrüchte im Kochwasser 1 Stunde stehen lassen. Dann wie eingeweichte Hülsenfrüchte garen.
- Hülsenfrüchte sind gut gegart, wenn sie durch und durch weich, jedoch nicht zerfallen sind.
- Hülsenfrüchte immer erst nach dem Garen salzen und mit Essig oder Zitronensaft würzen. Das ist sehr wichtig, denn Salz und Säure verhindern das Weichwerden.

● Früher war es üblich, den Garprozeß durch Zugabe von Natron zu verkürzen. Mittlerweile hat man erkannt, daß Natron Vitamine zerstört. Außerdem kann Natron den Geschmack eines Hülsenfruchtgerichtes verändern.

Sorten	Quellzeit	Garzeit
Bohnen (alle Sorten außer Feldbohnen + Sojabohnen)	8–12 Stunden	1–1½ Stunden
Feldbohnen	24 Stunden	2–2½ Stunden
Sojabohnen	8–12 Stunden	1 Stunde
Mungobohnen	8–12 Stunden	30 Minuten
	ohne Vorquellen	45–60 Minuten
Erbsen, geschält, gelbe und grüne		45–60 Minuten
Erbsen, ungeschält, gelbe und grüne	8–12 Stunden	1½–2 Stunden
Kichererbsen	10–12 Stunden	1½–2 Stunden
Linsen	1–2 Stunden	30 Minuten
	ohne Vorquellen	45–60 Minuten
Linsen, rote		30 Minuten

Würzen mit Phantasie

Was macht eigentlich die an sich gesunden Hülsenfrüchte so schwer verdaulich? Fälschlicherweise wird oft behauptet, es seien die dünnen Schalenhäute, die als unverdauliche Zellulose Ballaststoffe darstellen. Doch auch im frischen Gemüse und im Vollkorn sind reichlich Ballaststoffe vorhanden, die unseren Organismus nicht belasten, sondern im Gegenteil für eine gute Verdauung sorgen und deshalb lebensnotwendig sind. Der Grund für das Gefühl der Schwere, der Völle, das man oft nach dem Genuß von Hülsenfrüchten hat, ist wohl eher auf das in ihnen reichlich enthaltene Eiweiß zurückzuführen.

Doch es gibt ein Mittel dagegen: Richtiges Würzen trägt viel zur besseren Verträglichkeit von Hülsenfrüchten bei. Es regt die Verdauung an und bringt sie in Schwung. Neben Küchenkräutern und Gewürzen wird das durch Beigaben von frischem Gemüse, durch Säure – auch als milchsauer eingelegtes Gemüse – sowie durch getrocknete Früchte erreicht.
Beim Experimentieren mit Gewürzen für Hülsenfrüchte habe ich gemerkt, daß nicht nur Linsengerichten ein wenig Zitronensaft den Geschmack harmonisch abrundet. Erbsen und weiße Bohnen verlangen auch nach etwas Säure in Form von Apfelessig, Zitronensaft, Kanne Brottrunk, Sauerkrautsaft oder auch säuerlichen Äpfeln, die mitgekocht werden können. Die dunklen Bohnensorten, die in Südamerika und im fernen Osten ein Grundnahrungsmittel sind, haben einen ausgeprägt würzigen Eigengeschmack. Zitronensaft wirkt da fast störend. Scharfe Gewürze aber wie Chili heben den Geschmack. Zur Bekömmlichkeit tragen bei allen Arten von Hülsenfrüchten die Samen der Doldenblüter bei. Das sind Kümmel und sein sehr scharfer und im Geschmack ausgeprägter Verwandter Kreuzkümmel, dann Koriander, Fenchel und auch in kleinen Mengen Anis. Feurige Wärme geben Cayenne, Chili, Ingwerwurzel, Piment und Senfkörner. Einen Hauch von Bitternis bringt Curcuma, auch als Gelbwurz bekannt, das in keinem indischen Hülsenfruchtgericht fehlen darf. Kardamom und Macis passen gut in Gerichte, die mit Süße abgerundet werden. Sie geben eine fast beschwingte Geschmackskomponente. Alle unsere Küchenkräuter können getrocknet oder frisch würzende Zutat für Hülsenfruchtgerichte sein. Wichtig dabei ist es – wie immer beim Würzen –, daß der Bohnen-, Erbsen- oder Linsengeschmack nicht übertönt wird. Dieser soll zwar belebt und aufgelockert, doch nicht verfremdet oder überdeckt werden. Auch darf kein Gewürz aufdringlich herausschmecken. Die

Kunst des Würzens besteht darin, eine Geschmackssymphonie zu schaffen.
Die Würzzusammenstellungen in der Tabelle auf Seite 12 und 13, die für die Hülsenfruchtküche typisch sind, sollen das Experimentieren erleichtern. Sie sind keineswegs obligatorisch, sondern mehr als Vorschläge gedacht. Lassen Sie sich zum Ausprobieren immer neuer Kombinationen verleiten. Man muß freilich auch etwas vom Umgang mit Gewürzen und Kräutern verstehen.

Küchenkräuter wie Estragon, Kerbel und Majoran geben Hülsenfruchtgerichten nicht nur einen guten Geschmack, sondern machen sie auch leichter bekömmlich.

- Im Reformhaus gibt es getrocknete Würzkräuter und Samen in vernünftigen kleinen Mengen in Tüten oder Döschen abgepackt. Wir wissen, daß sich die ätherischen Öle, die den Gewürzen Aroma und Duft verleihen, rasch verflüchtigen. Deshalb möglichst kleine Mengen kaufen und diese einzeln in geschlossenen Gläschen dunkel und trocken aufbewahren.
- Samengewürze nicht gemahlen kaufen. Zum Mahlen von Samen tut eine Handkaffeemühle gute Dienste. Es gibt sie in Haushaltswarengeschäften zu kaufen. Wenn man den Trichter der Mühle völlig leermahlt und auch das Kästchen, in welches das Mahlgut hineinfällt, anschließend leert und ausklopft, gibt es keine ungewollten Vermischungen von Düften und Aromen, auch wenn nacheinander verschiedene Gewürze darin gemahlen wurden.
- Um Gewürzmischungen herzustellen, die aus Samen-, Blatt- und Wurzelgewürzen bestehen, braucht man einen Mörser, am besten einen aus Marmor oder Porzellan. Messing und Holz sind weniger gut geeignet, denn Metall reagiert leicht mit Säure – es kommt zu Verfärbungen – und Holz saugt wertvolle ätherische Öle und Kräutersäfte auf.
- Wenn Hülsenfrüchte nach dem Garen püriert werden, können bei Beginn des Kochprozesses ganze Samenkörner, Ingwerknollenstückchen, Wacholderbeeren oder Lorbeerblätter unzerkleinert der Kochflüssigkeit zugesetzt werden. Besteht das Gericht aus ganzen Hülsenfrüchten, bindet man diese Gewürze unzerkleinert in ein Mullsäckchen und läßt dieses mit einem Faden am Topfhenkel befestigt in den Topf hängen.
- Getrocknete Kräuter werden mindestens 15 Minuten vor Beendigung der Garzeit zugefügt. Sie müssen eine Zeitlang mitkochen, damit sie ihre ganze Würzkraft entfalten können. Man kann sie zwischen den Fingern zerreiben, wodurch ihre Würzkraft noch erhöht wird.
- Gemahlene Gewürze gibt man erst nach Beendigung des Garens an das Gericht. Sie setzen unmittelbare Würzakzente – ebenso frische Kräuter, die feingehackt oder gewiegt kurz vor dem Servieren untergerührt oder über die angerichtete Speise gestreut werden.
- Frische Kräuter immer erst kurz vor der Verwendung zerkleinern, damit die in ihnen enthaltenen ätherischen Öle nicht verfliegen, sondern mit allen anderen Wertstoffen – Vitaminen, Salzen, Spurenelementen – ganz in unsere Nahrung gelangen. Man kann diese Stoffe allerdings auch in gehackten Kräutern bewahren, wenn man diese mit etwas Öl übergießt und zugedeckt aufbewahrt. Frische Kräuter stets kurz vor Ende der Garzeit zu den Hülsenfrüchten geben.

Würzvorschläge

	weiße Bohnen	dunkle Bohnen
Kombination I		
Gewürzkräuter	Bohnenkraut Liebstöckel (frisch) Thymian	Basilikum Lorbeer Salbei
Samengewürze	Koriander Kümmel Piment	Kreuzkümmel Chilischote (sparsam)
aromatische Zutaten	Zwiebel Dörräpfel	Ingwerwurzel Knoblauch
Kombination II		
Gewürzkräuter	Lavendel (sparsam) Oregano Rosmarin	Thymian Ysop (frisch)
Samengewürze	Koriander Piment	Cayenne (sparsam) Paprikapulver
aromatische Zutaten	Apfelessig (sparsam) Knoblauch Paprikaschoten Tomaten	Tahin (Sesampaste) oder Mandelmus Zwiebel
Kombination III		
Gewürzkräuter	Basilikum Estragon Petersilie	Bohnenkraut Korianderblätter (frisch) Salbei Selleriegrün
Samengewürze	Kümmel Piment Senfkörner	Gewürznelken Kardamom Kreuzkümmel Macis Paprikapulver
aromatische Zutaten	Lauch/Porree milchsauer eingelegte Gurken Petersilienwurzel Staudensellerie	Honig frische Peperoni (sparsam) Zitronensaft Zitronenschale

Die Tabelle enthält für jede Hülsenfrucht drei Würzkombinationen, mit denen sich ein wohlschmeckendes Gericht zubereiten läßt. Sie können zwar auf die eine oder andere Würzzutat verzichten, sollten aber mindestens die Hälfte aller angegebenen Substanzen zur geschmacklichen Abrundung wählen.

Würzvorschläge

Erbsen	Kichererbsen	Linsen
Majoran Petersilie Thymian	Beifuß (sparsam) Koriandergrün Salbei	Basilikum Minze
Fenchel Piment	Anis (sparsam) Cayenne (sparsam) Kreuzkümmel	Anis Macis
Petersilienwurzel	Rübensirup Zitronensaft	Zitronensaft Zitronenschale
Basilikum Brennesselblätter (frisch) Sauerampferblätter (frisch)	Gartenkresse Liebstöckel Petersilie	Ringelblumenblüten (frisch) Thymian Petersilie
Koriander Muskatnuß	Fenchel Senfkörner Wacholderbeeren	Gewürznelke (sparsam) Piment
Ahornsirup in Butter gebräunte Vollkorn-toastwürfel (in Suppen)	Apfelessig	Dörrzwetschgen gebratene Zwiebelringe
Fenchelgrün (frisch) Liebstöckel Thymian	Dill (frisch, großzügig) Lorbeerblatt	Liebstöckel Lorbeerblatt Pimpinelle (frisch)
Macis Piment Wacholderbeeren	Anis (sparsam) Fenchel Koriander Kreuzkümmel	Koriander Nelken Piment
Malzextrakt Suppengrün Zwiebel	getrocknete Feigen Mandelmus Zimtstange	Apfelessig süß-sauer eingelegter Kürbis

Steckbriefe der Hülsenfrüchte

Obwohl die eßbaren Vertreter der Hülsenfrüchte viele Eigenschaften gemeinsam haben – denken wir nur an den hohen Eiweiß- und Kohlenhydratgehalt, eine lange Garzeit aufgrund ihrer harten Konsistenz – unterscheiden sie sich doch im Geschmack und auch in ihren Kocheigenschaften deutlich voneinander. Es heißt zwar immer Erbsen, Bohnen, Linsen seien als Rezeptzutat austauschbar. Ich merkte jedoch bald beim Ausprobieren der Rezepte, wie charaktervoll jede einzelne Sorte ist. Für alle, die etwas über diese feinen Unterschiede wissen wollen, sind die nun folgenden Steckbriefe der bei uns erhältlichen Hülsenfrüchte gedacht. Beginnen wir mit den Bohnen. Getrocknete Bohnenkerne sind die Samen verschiedener Bohnenzüchtungen, die an Stangen, strauchartig wie Wicken, oder als kleine Büsche wachsen. Schon äußerlich unterscheiden sie sich in Größe, Form und Farbe. Bei dieser Hülsenfruchtart herrscht große Vielfalt der Sorten. Übrigens: Die meisten Bohnen sind roh giftig; sie enthalten Phasin, das erst beim Kochen zerstört wird.

Weiße Bohnen: Sie sind die bei uns beliebtesten Bohnenkerne und werden deshalb auch am häufigsten angeboten. Eine Standardsorte wird schlicht mit »weiße Bohnen«, manchmal mit »Perlbohnen« bezeichnet. Es sind kleine, rundliche Bohnenkerne, mild im Geschmack und mehlig kochend. Sie eignen sich für Suppen und Eintöpfe und nehmen die Aromen von Kräutern und Gewürzen gut auf, so daß sich köstliche Casseroles daraus bereiten lassen, obgleich die Bohnen selbst keinen ausgeprägten Eigengeschmack haben. Für Spezialitäten wie »Boston baked beans« und »Bohnencassoulet« aus Frankreich sind sie die Hauptzutat.

Flageoletbohnen oder Fisolen: längliche flache Bohnen von zartgrüner Farbe und frischem köstlichen Geschmack. Sie ergeben mit Kräutern und Zwiebeln gewürzt eine delikate Gemüsebeilage oder einen feinen Bohnensalat.

Limabohnen: eine flache nierenförmige und sehr große Bohnenart von weißer Farbe. Limabohnen sind mild im Geschmack, kochen weich und mehlig, behalten jedoch ihre Form und sind deshalb für Salate gut geeignet. Man würzt sie gern mit Knoblauch und Zitronensaft oder Apfelessig.

Cannelibohnen: ebenfalls eine weich kochende, mehlige Bohnenart. Sie sind von sahnigem Weiß, nierenförmig und mild im Geschmack. Sie sind wie kleine Perlbohnen für Eintöpfe und Casseroles gut geeignet.

Rote Bohnen und Kidneybohnen: nierenförmige Kerne von blaßbrauner bis dunkelroter Farbe, würzig im Geschmack, mehlig, jedoch fest kochend. Rote Bohnen werden in den Südstaaten der USA sehr geschätzt. Wie alle dunkler gefärbten Bohnensorten passen sie gut zu Reis- oder Maisgerichten.

Pintobohnen (Wachtelbohnen): Wachtelbohnen werden sie bei uns genannt, weil sie wie Wachteleier braun gesprenkelt sind. In ihrer Kocheigenschaft und im Geschmack unterscheiden sie sich kaum von den hellen roten Bohnen.

Schwarze Bohnen: nierenförmige oder rundlich, bläulich schwarze, recht harte Bohnenkerne. Sie schmecken würzig und leicht süßlich. Sie behalten beim Kochen ihre Form, sind jedoch dabei sehr schön mehlig. Ursprünglich stammt diese Bohnensorte aus Indien. Heutzutage wird sie in ganz Asien und im mittleren Osten angebaut. Schwarzen Bohnen haftet ein Hauch Exotik an. Am besten werden sie mit solch exotischen Gewürzen wie Chilischoten, Ingwer, Kardamom, Kreuzkümmel, Curcuma (Gelbwurz), Nelken und

Steckbriefe der Hülsenfrüchte

Zimt gewürzt. Ein wenig Schärfe sollten Gerichte aus schwarzen Bohnen immer haben. Man verwendet sie zu Bohnen-Curry. Auch zu diesen Bohnen paßt Reis gut. Zu Hirse und Mais bilden sie einen effektvollen farblichen Kontrast.

Azukibohnen: eine kleine, braune bis schwarzbraunfarbene Bohnenart, die aus Japan importiert wird. Azuki haben eine vergleichweise zarte Schale und schmecken auffallend süßlich. Es sind sehr delikate Bohnen und sicher bei uns die kostbarsten von allen Bohnensorten. Sie ergeben gekocht und raffiniert, jedoch nicht zu scharf gewürzt, köstliche Beilagen zu allen herzhaften Getreidegerichten. Sie werten aber auch Suppen und Eintöpfe auf. Es bereitet ein ausgesprochenes Vergnügen, auf diese kleinen prallen, weich gekochten Kerne zu beißen. Man sollte sie niemals zu Püree verarbeiten.

Dicke Bohnen (Pferdebohnen, Saubohnen): diese großen flachen und sehr aromatischen Bohnenkerne werden bei uns leider als getrocknete Hülsenfrucht nur selten angeboten. Wir kennen die frischen, noch grünen Kerne, die eine Spezialität Westfalens sind. Getrocknete dicke Bohnen haben eine feste Schale, die man, wenn die Bohnenkerne nur in Wasser gekocht werden, mühelos entfernen kann, um die geschälte Bohne dann ähnlich wie frische dicke Bohnen in einer Sahnesauce anzurichten oder mit gehackten Zwiebelringen zu mischen. Doch enthalten die Schalen viel Geschmacksstoffe und leisten einen Beitrag zur besseren Verdauung. Zu ihnen passen als würzende Zutat unsere heimischen frischen Gartenkräuter wie Petersilie oder Dill und Kerbel. Servieren Sie einmal ein Grünkerngericht dazu.

Ackerbohnen (Feldbohnen): braune, harte Bohnenkerne mit einer fast eckigen Form. Ungegart sehen sie etwas schrumpelig aus, was darauf schließen läßt, daß sie bei der Ernte noch nicht ganz ausgereift sind. Nach dem Einweichen sind sie dann prall und glatt. Diese Bohnensorte läßt man am besten 24 Stunden quellen, das verkürzt die sonst sehr lange Garzeit. Die Ackerbohnen sind trotz ihrer harten Schale ausgesprochen schmackhaft. Mit ihnen wird das ägyptische Nationalgericht »Ful medames« (Rezept Seite 49) zubereitet. Eier, Kümmel und Knoblauch stimmen hier mit den Bohnen vortrefflich zusammen. Sehr gut paßt auch Tahin zu Ackerbohnen. Tahin ist eine Paste aus Sesam; wie Mandelmus oder Nußmus besteht sie nur aus gemahlenem Samen. Auch saure oder süße Sahne bekommt Gerichten aus Ackerbohnen gut. Wenn man noch gehackte Petersilie zufügt, erinnern sie im Geschmack an Pilze in Sahnesauce.

Sojabohnen: von der Sojabohne wissen wir, daß sie von allen Hülsenfrüchten am meisten Eiweiß, Fett, Mineralstoffe und die Vitamine B_1 und B_2 enthält. Weil ihr Anteil an Kohlenhydraten geringer ist als bei anderen Bohnenkernen, ist sie weniger mehlig. Sojabohnen schmecken knackig. Von dieser hochwertigen Hülsenfrucht gibt es gelbe, grüne, rote und schwarze Bohnen. Aus fermentierten Sojabohnen wird die dunkle Paste »Miso« hergestellt, mit der man Gemüsegerichte anreichern und würzen kann. Auch Sojasauce wird aus fermentierten Sojabohnen hergestellt. Es gibt sie unter der Bezeichnung »Tamari« in Naturkostläden zu kaufen, mit dem japanischen Namen »Shogu« in Reformhäusern. Mit Sojasauce, einem Konzentrat aus fermentierten Sojabohnen, lassen sich Sojabohnengerichte hervorragend würzen. Der Eigengeschmack der Bohnen wird dadurch betont. Das sogenannte Sojafleisch (TVP), als Fleischersatz in Reformhäusern zu haben, ist ein in hohem Maße denaturiertes Nahrungsmittel, das durch mehrere chemische Prozesse entsteht. Für eine Vollwerternährung ist es deshalb nicht zu empfehlen.

Steckbriefe der Hülsenfrüchte

Die ganzen Sojabohnen können wir öfters für Gerichte verwenden, für die wir sonst Bohnen oder Erbsen genommen hätten. Der Charakter dieser Gerichte ändert sich dann ganz und gar, das heißt aber nicht, daß sie weniger gut schmecken.

Erbsen: die getrockneten Samen der Gartenerbse. Die Pflanze ist eine Zuchtform der aus dem Orient stammenden wilden Erbse. Die bei uns erhältlichen gelben und grünen Erbsen unterscheiden sich kaum im Geschmack und in der Kocheigenschaft. Sie behalten beim Garen ihre Form und sind von fester, leicht mehliger Konsistenz. Erbsen sind besonders gut für Suppen und Eintöpfe geeignet. Man würzt sie gut mit frischen oder getrockneten Gartenkräutern, vor allem mit Majoran, Knoblauch, Lorbeer und Muskatnuß. Sie werden durch Roggen- und Weizengerichte optimal ergänzt. Beide Erbsensorten sind ungeschält, geschält und auch geschält und halbiert erhältlich. Die geschälten Produkte brauchen nicht eingeweicht zu werden und haben eine kürzere Garzeit. Beim Ausprobieren der Rezepte dieses Buches habe ich feststellen können, daß geschälte Erbsen die Verdauung mehr belasten als ungeschälte. Man kann dem entgegenwirken, wenn man geschälte Erbsen – wie auch andere Hülsenfrüchte –, die zu Püree weiterverarbeitet werden, sehr weich kochen läßt und mit Doldenblütergewürzen wie Anis, Fenchel, Koriander oder Kümmel würzt.

Linsen: die Pflanze stammt aus den Mittelmeergebieten und Südwestasien und wird in vielen Ländern mit warmem trockenem Klima angebaut. Die Linsenpflanze ist mit der Wicke verwandt. Sie wächst strauchartig, ursprünglich rankend, etwa 25 cm hoch. Im Unterschied zu Bohnen und Erbsen reifen in den Hülsen der Linsen nur 2–3 diskusförmige Samen, die wir Linsen nennen. Bei uns sind die als grüne Linsen bezeichneten am beliebtesten. Ihre Farbe geht jedoch eher ins Braune. Sie werden nach Größe sortiert angeboten: Riesenlinsen mit 7 mm Durchmesser, Tellerlinsen 6–7 mm Durchmesser und Mittellinsen 4,5–6 mm Durchmesser. Kleiner als diese Linsensorten sind die roten Linsen aus Südfrankreich. Sie kommen meist geschält in den Handel und gelten als ausgesprochen delikat. Ausdrucksvoller im Geschmack sind jedoch die indischen Puy-Linsen mit dunkelgrüner fester Schale. Puylinsen haben ein kräftiges Aroma, zerkochen nicht und sind gut verträglich. Linsen verlangen unbedingt nach etwas Säure. Das kann Zitronensaft, Obstessig, aber auch ein säuerlicher Apfel sein. Auch Linsen werden durch Gerichte aus Roggen oder Weizen gut ergänzt. Geschmacklich harmonieren sie wunderbar mit Reis.

Dünne Suppen – dicke Suppen

Beim Einweichen von Hülsenfrüchten sollte das Wasser, das ja fast immer das Kochwasser ist, durch Gemüsebrühe ersetzt werden. Der Wert eines jeden Hülsenfruchtgerichtes wird durch die in der Brühe gelösten Mineralstoffe erhöht. – Beinahe jeden Tag fallen beim Kochen Gemüseabfälle an: grobe Rippen, harte Blätter oder Strunkenden, die 20 – 30 Minuten in Wasser zu einer Gemüsebrühe ausgekocht werden können. Die Gemüseteile können 2–3 Tage lang gesammelt werden. Sie werden kühl, trocken und dunkel bis zum Bereiten der Brühe aufbewahrt. In der Brühe können würzende Zutaten wie Kümmel, Fenchelsamen, Koriander, Lorbeerblätter und auch die harten Stiele von Gartenkräutern, für die keine Verwendungsmöglichkeit bestehen, mitkochen. Die Gemüsebrühe kann im Kühlschrank 2–3 Tage aufbewahrt werden.

Grundrezept für gekochte Hülsenfrüchte

Dieses Rezept zeigt ausführlich und beispielhaft, wie man Hülsenfrüchte kocht.

350–400 g ungeschälte Hülsenfrüchte · 1¼–1½ l Wasser oder salzlose Gemüsebrühe · getrocknete Kräuter · ungemahlene Samengewürze · 150–200 g Gemüse und/oder Früchte · Öl · gemahlene Gewürze · Meersalz oder gekörnte Gemüsebrühe · frische Kräuter · rohes Gemüse · milchsauer eingelegtes Gemüse

Zeit zum Einweichen: 8–12 Stunden
Zubereitungszeit: 1–1½ Stunden

Die Hülsenfrüchte verlesen, das heißt kontrollieren, ob Steinchen oder andere Verunreinigungen darunter sind, und diese herauslesen. Die Hülsenfrüchte in einer Schüssel in reichlich kaltem Wasser waschen. Teile, die sich an der Wasseroberfläche absetzen, entfernen. Meist sind dies lose Schalen oder Hülsenfrüchte mit Schadstellen. Die gewaschenen Hülsenfrüchte in einem Sieb abtropfen lassen. In einen genügend großen Topf füllen und mit der angegebenen Menge Einweichwasser oder Gemüsebrühe übergießen. Die Hülsenfrüchte dann nach Vorschrift quellen lassen – fast immer 8–12 Stunden. Linsen und geschälte Hülsenfrüchte brauchen nicht oder nur kurze Zeit zu quellen.
Die Hülsenfrüchte im Einweichwasser – geschälte Hülsenfrüchte in der entsprechenden Kochwasser – oder Gemüsebrühenmenge zum Kochen bringen. Die getrockneten Kräuter und die Samengewürze zufügen, die Hitze reduzieren und die Hülsenfrüchte zugedeckt bei schwacher Hitze in der angegebenen Zeit weich kochen. Hülsenfrüchte quellen auch noch während des Garens auf und nehmen dabei Flüssigkeit auf. Wenn nötig noch etwas heiße Brühe oder Wasser nachgießen. Die Garzeit hängt von der Qualität und dem Alter der Hülsenfrüchte ab und von dem Härtegrad des Wassers: Alte Hülsenfrüchte benötigen eine längere Garzeit, weiches Wasser verkürzt diese etwas. Backobst wird meist zur gleichen Zeit wie die Hülsenfrüchte, aber separat eingeweicht und erst kurz vor Beendigung der Garzeit der Hülsenfrüchte zugefügt. Das Gemüse etwa 30 Minuten, bevor die Hülsenfrüchte weich werden, unter fließendem Wasser gründlich bürsten und putzen. Das Gemüse wenn eben möglich ungeschält kleinschneiden oder reiben, im Topf im kalten Öl wenden, mit wenig Flüssigkeit nicht zu weich dünsten und zu den völlig gegarten Hülsenfrüchten geben. Die Hülsenfrüchte sollen durch und durch weich sein, jedoch nicht zerfallen, es sei denn, es wird ein Püree daraus bereitet. Die Hülsenfrüchte mit den gemahlenen Gewürzen und dem Meersalz oder der gekörnten Gemüsebrühe würzen und abschmecken. Erst dann Obstessig oder Zitronen-

saft, milchsauer eingelegtes Gemüse kleingeschnitten zufügen oder frisches rohes Gemüse fein zerkleinert unterrühren. Frische Kräuter erst kurz vor dem Servieren hacken und über das fertige Gericht streuen.

Tip: Wenn möglich, sollen Hülsenfrüchte genau wie Getreide nach dem Garen noch eine Zeitlang – am besten 1–2 Stunden – nachquellen. Dadurch werden sie besser bekömmlich. Das wird bei der ohnehin schon langen Garzeit nicht immer zu schaffen sein. Es genügt, wenn man den Topf dafür in eine Wolldecke hüllt. Oder man läßt ihn auf der Automatikplatte auf Stufe 1 stehen. Ideal ist eine Kochkiste. In ihr bleiben die gegarten Gerichte lange Zeit heiß – ohne Energiezufuhr. Zum Dünsten von Gemüse und Zwiebeln wird in den Rezepten stets Öl verwendet. Nehmen Sie dafür ein Öl, dessen Anteil an ungesättigten Fettsäuren nicht zu hoch ist. Öle mit einem hohen Anteil an mehrfach ungesättigten Fettsäuren wie Distelöl oder Keimöl sollte man nicht zum Backen oder Braten verwenden, weil die ungesättigten Fettsäuren bei hohen Temperaturen eine giftige Verbindung bilden können. Erdnußöl, Olivenöl, Sonnenblumenöl sind zum Kochen geeignet. Zum Braten nimmt man am besten ungehärtetes Kokosfett.

Erbsencremesuppe

300 g grüne oder gelbe Erbsen · 2 l Wasser · 1 Lorbeerblatt · 1 Teel. Fenchelsamen · 1 Zwiebel · 2 Möhren · 1 Petersilienwurzel · 1 kleiner Zweig Liebstöckel · 2 Teel. getrockneter Majoran · 2 Messerspitzen geriebene Muskatnuß · 2 Messerspitzen gemahlener Piment · 1–2 Eßl. gekörnte Gemüsebrühe oder 1–2 Teel. Meersalz · 1 Eßl. Butter · 4 Eßl. Sahne · 3 Eßl. frisch gehackte Petersilie

Pro Portion etwa 1765 Joule/420 Kalorien
Zeit zum Einweichen: 8–12 Stunden
Zubereitungszeit: 1½–2 Stunden

Die Erbsen waschen und im Wasser 8–12 Stunden, am besten über Nacht, quellen lassen. Die Erbsen dann im Einweichwasser zum Kochen bringen. Das Lorbeerblatt und den Fenchel zufügen. Die Zwiebel schälen und kleinschneiden. Die Möhren und die Petersilienwurzel unter fließendem Wasser gründlich bürsten. Die Wurzelenden und schlechte Stellen abschneiden, die Wurzeln schaben, in Stücke schneiden und mit der Zwiebel, dem Liebstöckel und dem Majoran zu den Erbsen geben. Die Hitze reduzieren, so daß die Suppe nur noch wallend kocht und die Erbsen in etwa 1 Stunde und 30 Minuten garen. Wenn die Erbsen völlig weich sind, die Suppe durch ein Sieb streichen, wieder erhitzen und mit dem Muskat, dem Piment und der gekörnten Gemüsebrühe oder dem Salz abschmecken. Die Butter und die Sahne unterrühren, die Suppe nicht mehr kochen lassen und mit der Petersilie bestreut servieren.

Das paßt dazu: als zweiter Gang Kartoffelpuffer (Rezept Seite 78) mit Kopfsalat oder mit rohem Apfelmus (Rezept Seite 80).

Tip: Es können auch Schälerbsen verwendet werden. Die Garzeit beträgt, wenn die Erbsen eingeweicht wurden, nur etwa 30 Minuten. Die Erbsenschalen geben beim Garen jedoch Geschmacksstoffe in die Suppe ab, deshalb ziehe ich selbst ungeschälte Erbsen vor.

Soup-Mix-Suppe

In Naturkostläden gibt es Soup-Mix, eine Mischung aus geschälten Hülsenfrüchten und Getreide, zu kaufen. Sie besteht aus gelben und grünen Erbsen, gelben Sojabohnen, roten Linsen, ganzen Weizenkörnern und geschälter, gequetschter Gerste. Ein Einweichen über Nacht empfiehlt sich, weil sonst der Weizen nicht richtig weich wird.

300 g Soup-Mix · 2 l Wasser · 1 Stange Lauch/Porree · 1 Stück Sellerieknolle · 1 mittelgroße Pastinake oder Petersilienwurzel (etwa 150 g) · frisches oder getrocknetes Selleriegrün · 2 Teel. getrockneter Thymian · 1 große Zwiebel · 2 Eßl. Öl · 1 Messerspitze gemahlener Macis · 2 Messerspitzen gemahlener Piment · 1 Messerspitze gemahlener Rosmarin · 1–2 Eßl. gekörnte Gemüsebrühe oder 2 Teel. Meersalz · 2 Möhren oder 150 g frisches Sauerkraut

Pro Portion etwa 1615 Joule/385 Kalorien
Zeit zum Einweichen: 10–12 Stunden
Zubereitungszeit: 50–60 Minuten

Das Soup-Mix im Wasser 10–12 Stunden, am besten über Nacht, quellen lassen und dann im Einweichwasser zum Kochen bringen. Vom Lauch die harten Blattspitzen abschneiden und welke Blätter entfernen. Den Lauch der Länge nach aufschlitzen, unter fließendem Wasser gründlich waschen und in dünne Scheiben schneiden. Den Sellerie und die Pastinake unter fließendem Wasser gründlich bürsten, schlechte Stellen abschneiden und ungeschält in kleine Würfel schneiden. Das Gemüse mit dem Selleriegrün und dem Thymian zum Soup-Mix geben und alles zugedeckt bei schwacher Hitze in etwa 45 Minuten weich kochen. Kurz vor Beendigung der Garzeit die Zwiebel schälen, halbieren, in

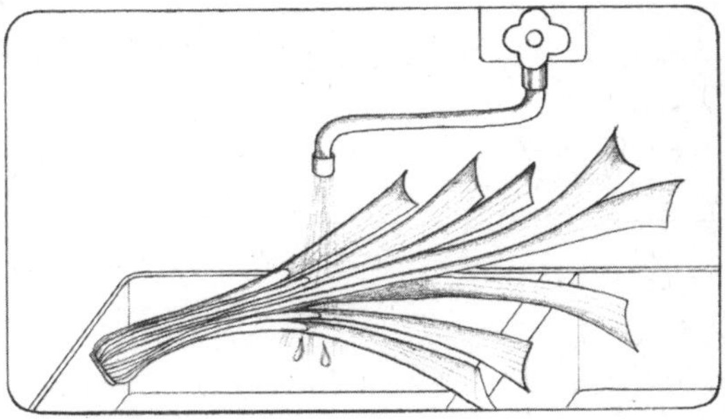

Den Lauch zum Säubern der Länge nach aufschlitzen, die Blätter auseinanderbiegen und unter fließendem Wasser den Schmutz herausspülen.

dünne Scheiben schneiden und diese im Öl goldgelb braten. Die Suppe mit dem Macis, dem Piment und dem Rosmarin würzen und mit der gekörnten Gemüsebrühe oder dem Salz abschmecken. Die Möhren unter fließendem Wasser gründlich bürsten, die Wurzelenden abschneiden und die Möhren auf einer feinen Reibe in die Suppe reiben, nicht mehr kochen lassen. Wer statt Möhren Sauerkraut verwendet, schneidet dies klein und rührt es in die Suppe. Zuletzt die gebratene Zwiebel zur Suppe geben.

Das paßt dazu: als Vorspeise Fenchelsalat mit Nußsauce (Rezept Seite 68).

Grüne-Erbsen-Suppe mit Tomaten

300 g grüne Erbsen · 2 l Wasser · 1 Teel. getrockneter Salbei · 250 g Tomaten · 1 Teel. gemahlenes Curcuma (Gelbwurz) · 2 Messerspitzen gemahlener Kreuzkümmel · 2 Knoblauchzehen · 1 Zwiebel · 3 Eßl. Öl · 1–2 Eßl. gekörnte Gemüsebrühe oder 1–2 Teel. Meersalz · 2 Eßl. Zitronensaft

Pro Portion etwa 1325 Joule/315 Kalorien
Zeit zum Einweichen: 10–12 Stunden
Zubereitungszeit: 1½–2 Stunden

Die Erbsen waschen, in dem Wasser 10–12 Stunden, am besten über Nacht, quellen lassen, dann im Einweichwasser mit dem Salbei zum Kochen bringen und zugedeckt bei schwacher Hitze in 1½–2 Stunden garen. Wenn die Erbsen fast weich sind, die Tomaten nach Belieben häuten, grobhacken und mit dem Curcuma und dem Kreuzkümmel zu den Erbsen geben.

Will man Tomaten ohne Haut verwenden, ritzt man sie über Kreuz ein, überbrüht sie kurz in kochendem Wasser und zieht die Haut ab.

Alles noch 3 Minuten kochen lassen. Inzwischen den Knoblauch und die Zwiebel schälen, feinhacken und im Öl goldgelb braten. Die Suppe mit der gekörnten Gemüsebrühe oder dem Salz und dem Zitronensaft abschmecken und die gebratene Zwiebel mit dem Knoblauch unterrühren.

Das paßt dazu: als Vorspeise frisches rohes Gemüse wie Möhren, Staudenselleriestangen, Salatgurke, Gemüsefenchel, gewaschen, geputzt und in Stifte geschnitten; als Dessert Apfel im Schlafrock (Rezept Seite 80).

Bohnensuppe mit Sauerampfer

300 g beliebige Bohnen · 2 l Wasser · 2 Teel. getrocknetes Bohnenkraut · 1 Teel. getrockneter Thymian · 1 Teel. Kümmel · 3 Handvoll Sauerampferblätter (etwa 100 g) · 2 Knoblauchzehen · 2 Eßl. Öl · 1–2 Teel. Meersalz · 1 Eßl. frisch gehackter Estragon, ersatzweise 2–3 Eßl. frisch gehackte Petersilie · 2 Scheiben Vollkorntoast · 2 Teel. Butter

Pro Portion etwa 1920 Joule/460 Kalorien
Zeit zum Einweichen: 8–12 Stunden
Zubereitungszeit: 1¾–2¼ Stunden

Die Bohnen waschen und 8–12 Stunden, am besten über Nacht, in dem Wasser quellen lassen und dann mit dem Bohnenkraut, dem Thymian und dem Kümmel im Einweichwasser zum Kochen bringen. Die Bohnen zugedeckt bei schwacher Hitze in 1½–2 Stunden garen. Wenn die Bohnen weich sind, den Sauerampfer waschen, abtropfen lassen und grobhacken. Den Knoblauch schälen, kleinschneiden und mit dem Sauerampfer im Öl 2–3 Minuten unter Rühren braten, jedoch nicht bräunen lassen. Die Suppe mit dem Salz abschmecken. Den Sauerampfer mit dem Knoblauch unterrühren und den Estragon oder die Petersilie darüberstreuen. Die Vollkorntoastscheiben in Würfel schneiden, in der Butter goldbraun braten und zur Suppe reichen.

Das paßt dazu: als Vorspeise Topinambursalat (Rezept Seite 72); als Dessert Kastaniencreme (Rezept Seite 89)

Variante: Westfälische Bohnensuppe
Die Bohnen in 2 l Wasser mit den Kräutern weich kochen. 1 Tasse voll Bohnenkerne zurückbehalten, die restlichen Bohnen pürieren. Je 150 g in

dünne Stifte oder kleine Würfel geschnittene Möhren und Kartoffeln, 1 Stück in Würfelchen geschnittene Sellerieknolle und 1 Stange in dünne Scheibchen geschnittenen Lauch in wenig Wasser weich dünsten und mit den ganzen Bohnenkernen zur pürierten Suppe geben. Mit Kräutersalz und einem Hauch Cayennepfeffer würzen.

Tip: Sauerampfer mit entsprechend vielen Wildkräutern wie Brennesselspitzen, Melde oder Löwenzahn zusammen mit dem Knoblauch im Öl dünsten. Die Suppe mit 1–2 Eßlöffeln Zitronensaft würzen.

Flageoletbohnensuppe

Ein leichtes Süppchen, das auch mit noch nicht voll ausgereiften weißen Bohnen bereitet werden kann, die es im Sommer zu kaufen gibt. Diese noch weichen Bohnenkerne brauchen nicht vorzuquellen und haben etwa die gleiche Garzeit wie vorgequollene Flageoletbohnen.

75 g Flageoletbohnen · ¼ l Gemüsebrühe · 1 Kräutersträußchen, bestehend aus Bohnenkraut, Estragon, Kerbel und Thymian · 3 grüne Paprikaschoten · 2 Kartoffeln · 2 Eßl. Öl · 1–1½ Eßlöffel gekörnte Gemüsebrühe · 2 Teel. Hefeextrakt · 1 Messerspitze geriebene Muskatnuß · 1 Messerspitze gemahlener Piment · 2 Scheiben Vollkorntoast · 2 Teel. Butter · 1 Bund Petersilie

Pro Portion etwa 1070 Joule/255 Kalorien
Zeit zum Einweichen: 8–12 Stunden
Zubereitungszeit: 1¼ Stunden

Die Bohnen in der Gemüsebrühe 8–12 Stunden, am besten über Nacht, quellen lassen und mit dem Kräutersträußchen in der Gemüsebrühe in etwa 45 Minuten weich kochen. Nach 30 Minuten Garzeit die Paprikaschoten waschen, die Kartoffeln unter fließendem Wasser gründlich bürsten, Keimansätze ausstechen und die Kartoffeln würfeln. 2 Paprikaschoten vierteln und von Rippen und Kernen befreien. Die Viertel in Streifen schneiden und mit den Kartoffelwürfeln im Öl kurz anbraten. Das Gemüse zu den Bohnen geben und alles zusammen garen. Die Suppe mit dem Hefeextrakt, dem Muskat und dem Piment würzen. Die dritte Paprikaschote von Rippen und Kernen befreien und in kleine Würfel schneiden. Die Toastscheiben in Würfel schneiden und in der Butter goldgelb braten. Die Petersilie waschen, trockenschleudern, hacken und mit den Paprikaschotenwürfel in die Suppe geben. Die gebratenen Brotwürfel zur Suppe dazu reichen.

Das paßt dazu: als Dessert Trauben-Nuß-Auflauf (Rezept Seite 82)

Linsen mit Backpflaumen

150 g ungeschwefelte Backpflaumen · 250 g Linsen · 2 l Wasser · 75 g Grünkernschrot · 1 Tasse Wasser · 1 Lorbeerblatt · 6 Wacholderbeeren · 1 Teel. Senfkörner · je ½ Teel. getrockneter Thymian und Estragon · 1 Teel. Kümmel · ½ Teel. Fenchelsamen · ½ l Wasser · 1 Stange Lauch/Porree · 1 Möhre · 1 Stück Sellerieknolle · 1 Zwiebel · 3 Eßl. Öl · 2–3 Teel. Kräutersalz · 1 Teel. geriebener Ingwer · 2 Messerspitzen gemahlener Piment · ½ Tasse Wasser · 2–3 Eßl. Zitronensaft · 1 Eßl. Birnendicksaft · 2 Eßl. Butter

Pro Portion etwa 2185 Joule/520 Kalorien
Zeit zum Einweichen: 10–12 Stunden
Zubereitungszeit: 1½ Stunden

Die Backpflaumen von Wasser bedeckt 10–12 Stunden, am besten über Nacht, einweichen. Die Linsen waschen und in dem Wasser 1 Stunde quellen lassen. Den Grünkernschrot mit der Tasse Wasser übergießen und ebenfalls 1 Stunde einweichen. Die Linsen im Einweichwasser mit dem Grünkernschrot, den Gewürzen von Lorbeerblatt bis Fenchelsamen und dem ½ l Wasser zum Kochen bringen und zugedeckt bei schwacher Hitze kochen lassen. Inzwischen die Backpflaumen entsteinen, nach 40 Minuten Kochzeit zu den Linsen geben, aufkochen lassen und zugedeckt bei ganz schwacher Hitze die Linsen 45 Minuten nachquellen lassen. Während der Quellzeit vom Lauch die harten grünen Blattspitzen abschneiden und welke Blätter entfernen. Den Lauch der Länge nach aufschlitzen, unter fließendem Wasser gründlich waschen und in dünne Scheiben schneiden. Die Möhre und den Sellerie unter fließendem Wasser gründlich bürsten, schlechte Stellen entfernen und beide kleinschneiden. Die Zwiebeln schälen und würfeln. Alles Gemüse in einem Topf im Öl wenden. ½ Teelöffel Kräutersalz, den Ingwer, den Piment und das Wasser zufügen, umrühren und das Gemüse zugedeckt bei schwacher Hitze in etwa 15 Minuten weich dünsten. Das gegarte Gemüse unter die Linsen mischen, kurz aufkochen lassen, mit dem restlichen Kräutersalz, dem Zitronensaft und dem Birnendicksaft abschmecken und die Butter in Flöckchen unterrühren.

Das paßt dazu: als Vorspeise Chicoréesalat mit Orangen (Rezept Seite 67); als Dessert rohe Rhabarbergrütze (Rezept Seite 82) oder Trauben-Nuß-Auflauf (Rezept Seite 82)

Variante: Linsen mit Aprikosen
Statt Backpflaumen getrocknete Aprikosen einweichen. Die Linsen mit dem Grünkern und den Gewürzen zusammen garen. Statt Sellerieknolle 3 Stangen Staudensellerie putzen und mit den Blättern kleinschneiden. Statt Lauch noch 1 Zwiebel schälen und würfeln. Das Gemüse in 5 Eßlöffeln Öl weich braten, jedoch nicht bräunen lassen. Die gleichen Gewürze wie im Rezept für Linsen mit Backpflaumen verwenden, jedoch passen Apfeldicksaft und Apfelessig zu dieser Variante besser als Birnendicksaft und Zitronensaft.

Variante: Weiße Bohnen mit Dörrbirnen
Statt Linsen, 250 g weiße Bohnen 10–12 Stunden einweichen. Statt Backpflaumen getrocknete Birnenhälften und statt Grünkernschrot Gerstenschrot einweichen. Die Bohnen mit nahezu den gleichen Gewürzen, jedoch Bohnenkraut statt Thymian in 1½–2 Stunden weich kochen. Alle übrigen Zutaten wie im Rezept angegeben verwenden.

Linsensuppe mit Kastanien

125 g rote geschälte Linsen · ½ l Wasser · ½ l Apfelsaft · 1 Stück unbehandelte Zitronenschale · 1 kleines Stück Stangenzimt · 250 g Kastanien/Maroni · 3 Eßl. Butter · ¼ l Gemüsebrühe · 1½–2 Teel. Meersalz · 1 Bund Basilikum oder Petersilie

Pro Portion etwa 1345 Joule/320 Kalorien
Zubereitungszeit: 50–60 Minuten

Die Linsen waschen und in dem Wasser mit dem Apfelsaft, der Zitronenschale und dem Zimt zugedeckt bei schwacher Hitze in etwa 40 Minuten weich kochen. Inzwischen die Kastanien am spitzen Ende kreuzweise einschneiden und von Wasser bedeckt etwa 20 Minuten kochen lassen, bis die Schalen aufspringen. Die Kastanien schälen, dabei auch die braune, pelzige Haut entfernen. Die Kastanien in einem Topf in der Butter leicht anbraten, jedoch nicht bräunen lassen. Die Gemüsebrühe zugießen und die Kastanien zugedeckt bei schwacher Hitze in etwa 30 Minuten weich schmoren. Wenn nötig noch etwas heiße Brühe zugießen. Die Kastanien mit dem Kartoffelstampfer etwas zerdrücken. Die geschälten Linsen sind bei Ende der Garzeit nahezu völlig zerkocht. Nach Belieben können sie jedoch noch passiert werden. Die Zitronenschale und das Stück Zimt aus den Linsen entfernen. Die Kastanien mit der Linsensuppe mischen. Die Suppe mit dem Meersalz abschmecken. Das Basilikum oder die Petersilie waschen, trockenschleudern, hacken und auf die Suppe streuen.

Das paßt dazu: als Vorspeise Waldorfsalat (Rezept Seite 72); als Dessert Apfel im Schlafrock (Rezept Seite 80) mit flüssiger Sahne

Weiße-Bohnen-Suppe mit Klößchen

Bild Seite 25

Die Einlage ist das Besondere an dieser dicken Suppe. Man kann die Klößchen statt aus Maisgrieß auch aus anderem Getreide bereiten. Es sollte fein geschrotet sein. Zu Grünkern passen als Gewürze Basilikum und Estragon, zu Roggen gemahlener Kümmel, Rosmarin und Thymian, zu Weizen gemahlener Koriander, Majoran und Rosmarin.

Für die Bohnensuppe: 150 g weiße Bohnen · 2 l Wasser · 1 Teel. getrocknetes Bohnenkraut · 2 Teel. getrocknetes Basilikum · ½ Teel. Kümmel · ½ Teel. grob zerstoßener Koriander · 1 großes Blatt frisches Liebstöckel oder 1 Teel. getrocknetes Liebstöckel · 500 g geputztes, kleingeschnittenes Gemüse (je nach Jahreszeit Blumenkohl, Kohlrabi, Möhren, Frühlingszwiebeln, Lauch, Staudensellerie, Petersilienwurzel, Paprikaschote) · 2 Eßl. Öl · 1 Messerspitze geriebene Muskatnuß · 1 Messerspitze gemahlener Piment · ½ Tasse Wasser · 1–2 Eßl. gekörnte Gemüsebrühe · 2 Eßl. Zitronensaft · 2 Eßl. frisch gehackte Petersilie
Für die Klößchen: 2 Eßl. Butter · 5 Eßl. Wasser · 2 Teel. gekörnte Gemüsebrühe · 5 Eßl. Maisgrieß · je 2 Messerspitzen getrockneter Oregano und getrocknetes Basilikum · 1 Messerspitze geriebene Muskatnuß, gegebenenfalls 1 Eßl. Magerquark oder 2–3 Eßl. Wasser

Pro Portion etwa 1595 Joule/380 Kalorien
Zeit zum Einweichen: 8–12 Stunden
Zubereitungszeit: 1½–2 Stunden

Für die Suppe die Bohnen waschen und in dem Wasser 8–12 Stunden quellen lassen. Die Bohnen dann im Einweichwasser mit den Gewürzen von Bohnenkraut bis Liebstöckel zugedeckt bei schwacher Hitze fast weichkochen. Für die Klößchen die Butter mit dem Wasser und der gekörnten Brühe in einem Topf erhitzen. Den Maisgrieß unter Rühren mit dem Schneebesen einrieseln lassen. Den Oregano, das Basilikum und den Muskat zufügen und aufkochen lassen. Den Grieß zugedeckt bei ganz schwacher Hitze 20 Minuten ausquellen und dann abkühlen lassen. Inzwischen für die Suppe das Gemüse im Öl wenden, mit dem Muskat und dem Piment würzen, das Wasser zufügen und das Gemüse zugedeckt bei schwacher Hitze in etwa 15 Minuten weich dünsten. Für die Klößchen in einem Topf reichlich Salzwasser zum Kochen bringen. Aus dem steifen Maisgrieß mit nassen Händen haselnußgroße Klößchen formen. Am besten geht das, wenn man eine kleine Schüssel mit Wasser füllt, 2 Eßlöffel Öl zusetzt und die Hände beim

Die Weiße-Bohnen-Suppe mit Klößchen ist ein schönes Beispiel für eine feine klare Suppe mit Einlage. Rezept Seite 23.

Formen immer wieder mit dem Ölwasser befeuchtet. Wenn die Kloßmasse zu trocken und fest ist, den Quark oder noch etwas Wasser unterkneten. Ist die Masse zu weich, noch etwas Maisgrieß zufügen. Wenn die Klößchen geformt sind, im Salzwasser knapp unter dem Siedepunkt in etwa 20 Minuten gar ziehen lassen. Die Hitze regulieren und den Topf nicht zudecken. Die Klößchen sinken zuerst auf den Topfboden und steigen dann an die Oberfläche. Sie sind jedoch erst gar, wenn sie auch innen trocken und locker sind. Die gegarten Klößchen aus dem Salzwasser heben und warm halten. Die Bohnensuppe mit der gekörnten Gemüsebrühe und dem Zitronensaft würzen. Das Gemüse zur Bohnensuppe geben. Die Klößchen in die Suppenteller verteilen, die Bohnensuppe darüberschöpfen und mit der Petersilie bestreuen.

Das paßt dazu: als Vorspeise eine Tomatenplatte (Rezept Seite 71); als Dessert Hafercremespeise (Rezept Seite 86)

Tip: Nach dem gleichen Rezept können mit doppelter Zutatenmenge die Maisklößchen auch als Beilage für ein Bohnengericht bereitet werden. Man gart sie am besten in Gemüsebrühe, brät sie dann kurz in Butter und streut gehackte Petersilie darüber.

Andalusische Kichererbsensuppe

300 g Kichererbsen · 2 l Wasser · ½ Teel. getrocknete Rosmarinnadeln · 1–2 Teel. getrocknetes Basilikum · 1 Möhre · 1 Petersilienwurzel · 1 Stück Sellerieknolle · 1 Messerspitze gemahlener Safran · 2 Prisen Cayennepfeffer · 2–3 Teel. Meersalz · 2 Eßl. Butter · 1 Eßl. Zitronensaft · 2 Teel. Kümmel

Pro Portion etwa 1430 Joule/340 Kalorien
Zeit zum Einweichen: 10–12 Stunden
Zubereitungszeit: 1½–2 Stunden

Die Kichererbsen waschen und 10–12 Stunden, am besten über Nacht, im Wasser quellen lassen. Die Kichererbsen im Einweichwasser mit dem Rosmarin und dem Basilikum zum Kochen bringen. Die Möhre, die Petersilienwurzel und den Sellerie unter fließendem Wasser gründlich bürsten, die Wurzelenden und schlechten Stellen abschneiden und die Wurzeln ungeschält kleinschneiden. Das Gemüse zu den Bohnen geben und diese in 1½ Stunden zugedeckt bei schwacher Hitze weichkochen. Die Suppe durch ein Sieb streichen. Das Safranpulver zufügen und mit dem Cayennepfeffer, dem Salz und dem Zitronensaft würzen. Die Butter in Flöckchen unterrühren und die Suppe mit dem Kümmel bestreut servieren.

Das paßt dazu: als Vorspeise ein Rohkostteller und als Dessert Apfel im Schlafrock (Rezept Seite 80)

Ägyptische Linsensuppe

350 grüne oder braune Linsen · 2 l Wasser · 8 Knoblauchzehen · 1 Lorbeerblatt · 1 Eßl. Kreuzkümmel · 2 Teel. Meersalz · 1 Messerspitze Cayennepfeffer · 5 Zwiebeln · 3 Eßl. Butter · 1 Zitrone

Pro Portion etwa 1430 Joule/340 Kalorien
Zeit zum Einweichen: 1 Stunde
Zubereitungszeit: 1–1¼ Stunden

Die Linsen waschen und im Wasser 1 Stunde quellen lassen. Den Knoblauch schälen und 2 Knoblauchzehen und das Lorbeerblatt zu den

Püree aus weißen Bohnen läßt sich mit einigen Handgriffen rasch und einfach zubereiten. Rezept Seite 34.

eingeweichten Linsen geben und im Einweichwasser mitziehen lassen. Während die Linsen quellen, die übrigen Knoblauchzehen hacken und mit dem Kreuzkümmel und etwas Salz im Mörser zerstoßen. Wenn kein Mörser vorhanden ist, den Knoblauch mit etwas Salz mit der Messerklinge zerdrücken, den Kreuzkümmel mahlen, mit dem Cayennepfeffer zum Knoblauch geben und alles mischen. Die Zwiebeln schälen und würfeln und mit der Hälfte der Knoblauchmischung in der Butter in einem großen Topf unter Wenden goldgelb braten. Die Linsen mit dem Einweichwasser zufügen, zum Kochen bringen und bei schwacher Hitze in 45–60 Minuten weich kochen. Die Suppe anschließend durch ein Sieb streichen und wieder erhitzen. Die übrige Knoblauchmischung unterrühren und die Suppe mit dem restlichen Salz abschmecken. Die Zitrone in Spalten separat reichen. Jeder würzt sich damit die Suppe nach Geschmack.

Das paßt dazu: als Vorspeise Salat aus gegarten Weizenkörnern (Rezept Seite 74); als Dessert Orangensalat mit Datteln und Feigen (Rezept Seite 83)

Tip: Im Originalrezept wird die Suppe passiert. Wer wirklich vollwertig kochen und essen will, stört sich nicht an den Linsenschalen und unterläßt das Passieren. Die Schalen erfüllen als Ballaststoffe eine wichtige Funktion. Außerdem enthalten sie die meisten Geschmacksstoffe.

Limabohnen mit Kälberzähnen

Kälberzähne sind dicke Gerstengraupen, die beim Quellen und Garen eine stattliche Größe erreichen. Kälberzähne bekommt man im Reformhaus und in Feinkostläden, dort allerdings kaum aus biologischem Anbau.

150 g Limabohnen oder andere weiße Bohnen · 100 g große Graupen (Kälberzähne) · 2 l Wasser · 300 g Kartoffeln · 500 g gemischtes Gemüse (Lauch, Möhren, Knollensellerie, Blumenkohl) · 1–2 Teel. Kümmel · 2 Teel. getrocknetes Bohnenkraut oder 2 Zweige frisches Bohnenkraut · 2 Knoblauchzehen · 2 Zwiebeln · 3 Eßl. Öl · 1 Messerspitze gemahlener Rosmarin · 1–2 Eßl. gekörnte Gemüsebrühe · 100 g milchsauer eingelegtes Gemüse · 2 Eßl. frisch gehackte Petersilie

Pro Portion etwa 1720 Joule/410 Kalorien
Zeit zum Einweichen: 8–12 Stunden
Zubereitungszeit: 1½–2 Stunden

Die Bohnen waschen und mit den Graupen zusammen im Wasser 8–12 Stunden quellen lassen. Die Bohnen im Einweichwasser zum Kochen bringen und zugedeckt bei schwacher Hitze in 1½–2 Stunden weich kochen. Nach etwa 1 Stunde Garzeit die Kartoffeln unter fließendem Wasser gründlich bürsten, die Augen (Keimansätze) ausstechen und die Kartoffeln ungeschält in Würfel schneiden. Das Gemüse waschen, putzen und kleinschneiden. Die Kartoffeln mit dem Gemüse, dem Kümmel und dem Bohnenkraut zu den Bohnen geben und mitgaren. Inzwischen die Knoblauchzehen und die Zwiebeln schälen und würfeln und im Öl goldgelb braten. Die Suppe mit dem Rosmarin und der gekörnten Gemüsebrühe würzen. Das milchsauer eingelegte Gemüse kleinschneiden und mit den Zwiebeln und dem Knoblauch zur Suppe geben, unterrühren. Die Bohnensuppe mit der Petersilie bestreuen.

Das paßt dazu: Chicoréesalat mit Orangen (Rezept Seite 67); als Dessert Preiselbeerschaum (Rezept Seite 85)

Bohnen und Erbsen mit Gerste

Dieser Wintereintopf ist ein Energiespender für Frosttage, wenn wir uns beim Wintersport verausgabt haben. Damit das Gericht nicht belastend wirkt, müssen wir uns beim Essen Zeit lassen und besonders gut kauen.

Je 125 g grüne Erbsen und weiße Bohnen · 150 g Nacktgerste · 1½ l Gemüsebrühe · 2 Nelken · 2 Teel. getrockneter Thymian · 2 Teel. Kümmel · 1 Teel. Fenchelsamen · 1 Petersilienwurzel · 250 g Möhren · 1 Stück Knollensellerie · 1 Eßl. gekörnte Gemüsebrühe · 1–2 Teel. Kräutersalz · ¼ Teel. geriebene Muskatnuß · 250 g Zwiebeln · 4 Eßl. Öl · 1 Bund Petersilie

Pro Portion etwa 1595 Joule/380 Kalorien
Zeit zum Einweichen: 8–10 Stunden
Zubereitungszeit: 2–2½ Stunden

Die Erbsen, die Bohnen und die Gerste waschen und zusammen in der Brühe 8–12 Stunden, am besten über Nacht, quellen lassen. Die Nelken, den Thymian, den Kümmel und den Fenchel zufügen. Die Petersilienwurzel waschen, putzen und unzerkleinert zufügen. Den Eintopf etwa 1 Stunde zugedeckt bei schwacher Hitze kochen lassen, bis die Erbsen und Bohnen fast weich sind. Die Möhren und den Sellerie unter fließendem Wasser gründlich bürsten, putzen, längs halbieren oder vierteln und in etwa 5 cm lange Stücke schneiden. Den Sellerie würfeln und das Gemüse 20 Minuten mitkochen lassen. Den Eintopf mit der gekörnten Gemüsebrühe, dem Kräutersalz und dem Muskat würzen und bei ganz schwacher Hitze auf dem Herd oder in eine Decke gehüllt noch mindestens 30 Minuten nachquellen lassen. Die Zwiebeln schälen, halbieren, die Hälften in Scheiben schneiden und im Öl goldgelb braten. Die Petersilie waschen, trokkenschleudern, feinhacken und mit den gebratenen Zwiebeln zuletzt unter den Eintopf rühren.

Das paßt dazu: als Beilage Endiviensalat; als Dessert Bratäpfel (Rezept Seite 80)

Indianische Schwarze-Bohnen-Suppe

Bei vielen Indianerstämmen Nord- und Südamerikas gehörten Bohnen und Mais zur täglichen Nahrung. Sie bauten diese Feldfrüchte schon lange bevor Kolumbus Amerika entdeckte an. Zum Zerkleinern der Maiskörner und zum Zerstampfen der Bohnen benutzten sie Steinmörser und Stößel. Mit einem auf den Mörser gesetzten geflochtenen Korbrand verhinderten sie, daß das Mahlgut fortflog.

500 g schwarze Bohnen · 2½ l Wasser · 1 Stange Lauch/Porree · 2 Knoblauchzehen · 1 grüne Chilischote · 3 Eßl. Öl · 1 Prise Cayennepfeffer · 2–3 Teel. Meersalz · 1 Zweig frische Minze, ersatzweise ½ Teel. getrocknete Pfefferminzblätter

Pro Portion etwa 2140 Joule/510 Kalorien
Zeit zum Einweichen: 8–12 Stunden
Zubereitungszeit: 2½–3 Stunden

Die Bohnen waschen und im Wasser 8–12 Stunden quellen lassen. Die Bohnen im Einweichwasser zugedeckt bei schwacher Hitze in 1½–2 Stunden fast weich kochen. Die Hälfte der Bohnen portionsweise im Mixer nicht zu fein pürieren oder durch den Wolf drehen, dabei etwas Kochflüssigkeit zufügen. Die restlichen Bohnen und das Kochwasser aufbewahren. Vom Lauch die harten Blattspitzen abschneiden und welke Blätter entfernen. Den Lauch der Länge nach aufschlitzen, unter fließendem Wasser gründlich waschen und in dünne Scheiben schneiden. Die Knoblauchzehen schälen und zerdrücken. Die Chilischote waschen und feinhacken. Das Öl in einen Topf gießen und den Lauch, den Knoblauch und die Chilischote darin unter Rühren leicht anbraten, jedoch nicht bräunen lassen. Die pürierten und die ganzen Bohnen mit dem Kochwasser, dem Cayennepfeffer und 2 Teelöffeln Salz zufügen und die Suppe bei schwacher Hitze noch 30 Minuten köcheln lassen. Mit den kleingeschnittenen Pfefferminzblättchen bestreut servieren.

Das paßt dazu: Walnuß-Avocado (Rezept Seite 67); als Dessert indianisches Maisdessert (Rezept Seite 90)

Linsentopf mit grünem Gemüse

Die für die Vollwertküche abgewandelte Form des auf den Balearen beliebten »Cocido de Lentjas«, ein Linsengericht mit Blutwurst, ist ein Festschmaus. Mandeln und Pinienkerne – im Original nur in der Blutwurst enthalten – geben dem Eintopf Pfiff. Hülsenfrüchte und Nüsse sind, zusammen genossen, besonders wertvoll, weil sie sich in ihrem Nährwert gut ergänzen.

300 g beliebige Linsen · 1 l Wasser · 1 Lorbeerblatt · 5 Pimentkörner · 2 Zwiebeln · 2 Knoblauchzehen · 250 g grüne Paprikaschoten · 250 g grüne Bohnen · 250 g kleine Zucchini · 250 g Kartoffeln · 4 Eßl. Olivenöl · je 2 Teel. getrockneter Majoran und getrockneter Salbei · 1 Tasse Wasser · 1 Eßl. gekörnte Gemüsebrühe · 1–2 Teel. Kräutersalz · 1 Prise Cayennepfeffer · je 1 Eßl. Mandeln und Pinienkerne · 2 Bund Schnittlauch

Pro Portion etwa 2270 Joule/540 Kalorien
Zeit zum Einweichen: 2 Stunden
Zubereitungszeit: 1¼ Stunden

Die Linsen waschen und in dem Wasser mit dem Lorbeerblatt und den Pimentkörnern 1–2 Stunden quellen lassen. Die Linsen im Einweichwasser zugedeckt bei schwacher Hitze in etwa 45 Minuten weich kochen. Inzwischen die Zwiebeln und die Knoblauchzehen schälen und hakken. Die Paprikaschoten waschen, abtrocknen, vierteln, von Rippen und Kernen befreien und die Schotenviertel in Streifen schneiden. Die Bohnen waschen, die Stiele und Blütenansätze abschneiden. Die Bohnen dabei bei Bedarf abfädeln und in etwa 3 cm lange Stücke brechen. Die Zucchini waschen, abtrocknen und in ½ cm dikke Scheiben schneiden. Die Kartoffeln unter fließendem Wasser gründlich bürsten. Die Keimansätze ausstechen und die Kartoffeln in Würfel schneiden. Das Öl in einen Topf mit breitem Durchmesser gießen; die Zwiebeln und den Knoblauch darin glasig braten. Das gesamte Gemüse, den Majoran und den Salbei zufügen und unter Wenden etwas Farbe annehmen, jedoch nicht bräunen lassen. Das Wasser zugießen und das Gemüse 15 Minuten zugedeckt bei schwacher Hitze dünsten. Falls nötig noch etwas heißes Wasser zugießen. Das Lorbeerblatt und möglichst auch alle Pimentkörner aus den Linsen entfernen. Die Linsen mit dem Gemüse mischen und mit der gekörnten Gemüsebrühe, dem Kräutersalz und dem Cayennepfeffer würzen. Die Mandeln grobhacken, mit den Pinienkernen unter ständigem Rühren in einer Pfanne ohne Fettzugabe rösten, bis sie zu duften beginnen. Den Schnittlauch waschen, trockenschleudern, kleinschneiden und die Mandeln und Pinienkerne mit dem Schnittlauch unterrühren.

Das paßt dazu: als Dessert Bratäpfel (Rezept Seite 80)

Hülsenfrüchte als Beilage

Bei den folgenden Rezepten für Hülsenfruchtgemüse- und Salatgerichte zeigt es sich, wie köstlich Bohnen, Erbsen und Linsen schmecken können. Der charakteristische Geschmack der einzelnen Hülsenfruchtarten tritt bei diesen einfachen Rezepten besonders stark hervor.

Ackerbohnen in Sahnesauce

Acker- oder Feldbohnen werden in der biologisch-organischen Landwirtschaft oft als Zwischenfrucht angebaut. Sie reichern wie alle Leguminosen den Boden mit Stickstoff an. Aus den Bohnenpflanzen mit den Samen, den Bohnenkernen, wird hochwertiges Silagefutter. In Naturkostläden gibt es die aromatischen Bohnenkerne auch für uns zu kaufen. Sie erinnern im Geschmack an dicke Bohnen und werden am besten ähnlich wie diese zubereitet. Die Sahne kann durch 3 Eßlöffel »Tahin« oder Nußmus ersetzt werden.

400 g Ackerbohnen · 1½ l Wasser · 6 Wacholderbeeren · 8 Pimentkörner · ½ Teelöffel Koriander · ½ Teel. Kümmel · 1 Lorbeerblatt · ½ Eßl. getrocknete Sellerieblätter oder 1 großes Blatt frisches Liebstöckel oder 1 Teel. getrockneter Liebstöckel · 2 große Zwiebeln · 3 Eßl. Butter · 1–2 Eßl. gekörnte Gemüsebrühe · ⅛ l Sahne · 3 Eßl. frisch gehackte Petersilie

Pro Portion etwa 2290 Joule/545 Kalorien
Zeit zum Einweichen: 24 Stunden
Zubereitungszeit: 2½ Stunden

Die Bohnenkerne haben eine dicke Schale und benötigen deshalb eine längere Einweichzeit. Die Bohnen waschen und im Wasser 24 Stunden quellen lassen. Die Wacholderbeeren und die Pimentkörner zerdrücken, mit dem Koriander und dem Kümmel in ein Mullsäckchen binden und dieses während der Quellzeit in den Topf mit den Bohnen hängen. Das Lorbeerblatt, die Sellerieblätter oder den Liebstöckel zufügen, die Bohnen im Einweichwasser zum Kochen bringen und zugedeckt bei schwacher Hitze in etwa 2 Stunden weich kochen. Das Mullsäckchen und das Lorbeerblatt entfernen. Die Bohnen abtropfen lassen und das Kochwasser auffangen. Die Zwiebeln schälen, würfeln und in der Butter im Bohnentopf goldgelb braten. Die Bohnen, eine Tasse vom Bohnenkochwasser und die gekörnte Gemüsebrühe zufügen. Die Flüssigkeit einkochen lassen und die Sahne und die gehackte Petersilie unterrühren.

Das paßt dazu: als Vorspeise Fenchelsalat (Rezept Seite 68); als Beilage gebratene Kümmelkartoffeln (Rezept Seite 79); als Dessert Kirschpfannkuchen (Rezept Seite 89).

Variante: Linsen russische Art
Statt der Bohnen Linsen weich kochen. Die Gewürze von den Ackerbohnen passen auch zu Linsen gut. Zuletzt statt süßer saure Sahne unterrühren und die Linsen mit reichlich Schnittlauch bestreuen.

Süße braune Bohnen

Das ist ein Gericht mit einem eigenwilligen Geschmack. Hat man den ersten und zweiten Löffel voll probiert, ist man begeistert von der Verbindung, vom kräftigen Bohnenaroma und der Süße von Sirup und Sucanat.

400 g braune Bohnen oder Kidneybohnen · 1½ l Wasser · je 1 Messerspitze gemahlene Ingwerwurzel und gemahlener Macis · ½ Teel.

gemahlener Kardamom · 3 Teel. Meersalz · ½ Tasse Rübensirup · 2 Eßl. Sucanat · 5 Eßl. Apfelessig · 2 Eßl. Butter

Pro Portion etwa 2185 Joule/520 Kalorien
Zeit zum Einweichen: 8–12 Stunden
Zubereitungszeit: 2 Stunden

Die Bohnen waschen und in dem Wasser 8–12 Stunden, am besten über Nacht, quellen lassen. Die Bohnen im Einweichwasser zum Kochen bringen und bei schwacher Hitze 1 Stunde kochen lassen. Die Gewürze sowie das Salz, den Sirup und das Sucanat zufügen und die Bohnen zugedeckt bei ganz schwacher Hitze in weiteren 45–60 Minuten weich kochen. Gegebenenfalls noch etwas heißes Wasser nachfüllen. Das Gericht soll die Beschaffenheit eines dicken Eintopfes haben. Zuletzt den Apfelessig zufügen und die Butter in Flöckchen unterrühren.

Das paßt dazu: als Vorspeise Rapunzelsalat (Rezept Seite 68); als Beilage Bratkartoffeln mit Kräutern (Rezept Seite 79); als Dessert Sanddorncreme (Rezept Seite 86)

Schwarze Bohnen mit Spinat

350 g schwarze Bohnen · 1¼ l Wasser · 1 Teel. Curcuma (Gelbwurz) · 2 Teel. frisch geriebene Ingwerwurzel · 1 Stück unbehandelte Zitronenschale · 500 g frischer Spinat · 1 Prise Cayennepfeffer · 2–3 Teel. Meersalz · 6 Knoblauchzehen · 5 Frühlingszwiebeln mit dem Grün oder 1 große Zwiebel · 3 Eßl. Öl · 1 Teel. Kreuzkümmel · 2 Eßl. Butter

Pro Portion etwa 1955 Joule/465 Kalorien
Zeit zum Einweichen: 8–12 Stunden
Zubereitungszeit: 1¾–2¼ Stunden

Die Bohnen waschen und in dem Wasser 8–12 Stunden, am besten über Nacht, quellen lassen. Die Bohnen mit dem Curcuma, dem Ingwer und der Zitronenschale im Einweichwasser zum Kochen bringen und zugedeckt bei schwacher Hitze etwa 1½ Stunden köcheln lassen. Gegebenenfalls noch etwas heißes Wasser nachfüllen. Wenn die Bohnen fast weich sind, den Spinat verlesen, gründlich waschen und, falls die Blätter grob sind, etwas kleinschneiden. Bei zarten Blättern ist das nicht nötig. Den Spinat unter die Bohnen mischen, den Cayennepfeffer und das Salz hinzufügen und alles zugedeckt weitere 10 Minuten kochen lassen. Inzwischen die Knoblauchzehen schälen und feinhacken. Die Frühlingszwiebeln waschen, abtropfen lassen und kleinschneiden oder die Zwiebel schälen und würfeln. Den Knoblauch und die Zwiebeln mit dem Kreuzkümmel im Öl goldgelb braten und unter die Bohnen und den Spinat mischen. Die Butter in einer Pfanne schmelzen, aber nicht braun werden lassen und zuletzt auf das Bohnengericht träufeln.

Das paßt dazu: als Vorspeise Möhrenrohkost mit Kresse (Rezept Seite 71); als Beilage Reisschrot-Backlinge (Rezept Seite 77); als Dessert rohe Rhabarbergrütze oder Bananencreme (Rezepte Seite 82 und Seite 83)

Bohnen-Mais-Topf

300 g weiße Bohnen · 1 l Wasser · 2 Teel. getrocknetes Bohnenkraut · 250 g frische Maiskörner vom Kolben oder tiefgefrorene Maiskörner · ½ Teel. gemahlener Fenchelsamen · 2 Teel. mildes Paprikapulver · 1 Messerspitze Cayennepfeffer · 2–3 Teel. Kräutersalz · 2 Eßl. Butter · 1 Bund Petersilie

Pro Portion etwa 1640 Joule/390 Kalorien
Zeit zum Einweichen: 8–12 Stunden
Zubereitungszeit: 2–2½ Stunden

Die Bohnen waschen und in dem Wasser 8–12 Stunden, am besten über Nacht, quellen lassen. Das Bohnenkraut zufügen und die Bohnen zugedeckt bei schwacher Hitze in 1½–2 Stunden weich kochen. Wenn nötig noch etwas heißes Wasser zugießen. Etwa 20 Minuten bevor die Bohnen weich sind, frischen Mais von den Kolben schaben und zu den Bohnen geben; tiefgefrorene Maiskörner 10 Minuten vor Beendigung der Garzeit zu den Bohnen geben. Den Fenchel, das Paprikapulver und den Cayennepfeffer zufügen und alles bei schwacher Hitze noch 10–20 Minuten kochen lassen, bis die Bohnen und der Mais weich sind. Den Eintopf mit dem Kräutersalz würzen. Die Petersilie waschen, trockenschleudern, feinwiegen und über das fertige Gericht streuen.

Das paßt dazu: als Vorspeise Tomatenplatte (Rezept Seite 71); als Beilage geröstete Weizenvollkornbrotscheiben; als Dessert gefüllte Birnenhälften (Rezept Seite 86)

Barbaras Curry-Linsen

400 g Puylinsen · 1 Lorbeerblatt · 2 Teel. unbehandelte abgeriebene Orangenschale · 1½ l Wasser · 6 Eßl. ungeschwefelte Rosinen · Saft von 1 Orange · 2 säuerliche Äpfel · 2 große Zwiebeln · 2 Knoblauchzehen · 3 Eßl. Öl · 2 Eßl. Currypulver · 2–3 Teel. Meersalz · 2–3 Eßl. Zitronensaft

Pro Portion etwa 2245 Joule/535 Kalorien
Zubereitungszeit: 1–1¼ Stunden

Die kleinen Puylinsen brauchen nicht eingeweicht zu werden. Die Linsen waschen, mit dem Lorbeerblatt und der Orangenschale in dem Wasser zum Kochen bringen und bei schwacher Hitze in etwa 45 Minuten weich kochen. Inzwischen die Rosinen waschen, abtropfen lassen und im Orangensaft quellen lassen. Die Äpfel waschen, vierteln, vom Kerngehäuse befreien und schlechte Stellen abschneiden. Die Äpfel ungeschält in Spalten schneiden. Die Zwiebeln schälen, halbieren und die Hälften in dünne Scheiben schneiden. Die Knoblauchzehen schälen und feinhacken. Die Äpfel, die Zwiebel und den Knoblauch im Öl 5 Minuten braten, jedoch nicht bräunen lassen. Die Apfel-Zwiebel-Mischung unter die gegarten Linsen rühren. Die Rosinen mit dem Orangensaft zufügen, mit dem Currypulver und dem Salz würzen und mit dem Zitronensaft abschmecken.

Das paßt dazu: Salat aus gegarten Weizenkörnern (Rezept Seite 74).

Kräuter-Erbsen

¾ l Wasser · 1 Lorbeerblatt · 5 Pimentkörner · je 2 Teel. ungemahlenen Anis, Koriander und Kümmel · 400 g grüne Erbsen · je 2 Teel. getrocknetes Liebstöckel, getrockneten Majoran und getrockneten Salbei · 2 Eßl. Öl · 2 Eßl. gekörnte Gemüsebrühe · 1 Prise Cayennepfeffer · 50–100 g frische Gartenkräuter (Basilikum, Kerbel, Petersilie, Pimpinelle, etwas Thymian und/oder Wildkräuter wie Brennesselspitzen, Brunnenkresse, Melde, Sauerampfer) · 2 Eßl. Butter · 5 Eßl. Vollkornbrösel

Pro Portion etwa 2060 Joule/490 Kalorien
Zeit zum Einweichen: 8–12 Stunden
Zubereitungszeit: 1¾–2¼ Stunden

Das Wasser mit dem Lorbeerblatt, den Pimentkörnern, dem Anis, dem Koriander und dem Kümmel 30 Minuten kochen lassen. Anschließend durch ein Sieb gießen und abkühlen lassen. Die Erbsen waschen und in dem Gewürzsud 8–12 Stunden, am besten über Nacht, quellen lassen. Die Erbsen im Einweichwasser zum Kochen bringen und zugedeckt in 1½–2 Stunden weichkochen. Wenn nötig noch etwas heißes Wasser zugießen. Etwa 20 Minuten vor Beendigung der Garzeit den Liebstöckel, den Majoran und den Salbei 3 Minuten im Öl braten und unter die Erbsen rühren. Die Erbsen mit der gekörnten Gemüsebrühe und dem Cayennepfeffer würzen. Die frischen Kräuter waschen, trockenschleudern, feinhacken und unter die Erbsen mischen. Die Butter zerlassen, die Vollkornbrösel darin goldbraun braten und auf die angerichteten Erbsen geben.

Das paßt dazu: als Beilage gebratene Kümmelkartoffeln (Rezept Seite 79) und Spinatsalat (Rezept Seite 68); als Dessert Traubensalat (Rezept Seite 81)

Tip: Es gibt leider nicht zu allen Jahreszeiten so viele frische Kräuter. Man kann statt dessen auch reichlich frisch gehackte Petersilie, feingeriebene rohe Möhren und dünn gehobelten Knollenfenchel mit den Erbsen mischen.

Erbsen und Möhren

250 g grüne Erbsen · ¾ l Wasser · 1 kleiner Zweig Rosmarin · 1–1½ Teel. Meersalz · 500 g junge Möhren · 1 Zwiebel · 2 Eßl. Öl · ⅛ l Gemüsebrühe · 1 Teel. Kräutersalz · 1 Prise gemahlener Fenchel · 2 Bund Schnittlauch

Pro Portion etwa 1280 Joule/305 Kalorien

Zeit zum Einweichen: 8–12 Stunden
Zubereitungszeit: 1¾–2¼ Stunden

Die Erbsen waschen und in dem Wasser 8–12 Stunden, am besten über Nacht, quellen lassen. Den Rosmarin zufügen, die Erbsen zugedeckt bei schwacher Hitze in 1–1½ Stunden weich kochen und salzen. Die Möhren unter fließendem Wasser gründlich bürsten, putzen und in etwa daumenlange Streifen schneiden. Die Zwiebel schälen und würfeln. Das Öl in einen flachen Topf mit breitem Durchmesser gießen und die Zwiebeln darin glasig braten. Die Möhren zufügen, im Öl wenden und mit der Gemüsebrühe auffüllen. Die Möhren zugedeckt bei schwacher Hitze in 10–15 Minuten weich dünsten. Das Kräutersalz und den Fenchel zufügen. Die Möhren unter die Erbsen mischen. Den Schnittlauch waschen, trockenschleudern, kleinschneiden und zuletzt unter die Erbsen und Möhren rühren.

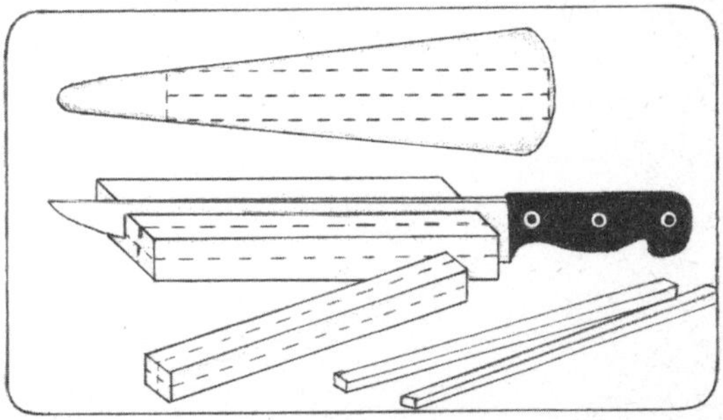

Um Möhren in längliche Streifen zu teilen, trennt man Spitzen und Enden ab und schneidet die Möhren erst waagerecht in Scheiben, dann senkrecht in Streifen.

Das paßt dazu: als Beilage gebratene Kümmelkartoffeln (Rezept Seite 79); als Dessert Traubensalat (Rezept Seite 81)

Grundrezept für Hülsenfruchtpüree

Erbsenpüree

Pürees aus Hülsenfrüchten haben sogar in der internationalen Küche ihren Platz, in der andere Hülsenfruchtgerichte wegen ihrer »Derbheit« kaum zu finden sind. Es ist üblich, die gekochten Hülsenfrüchte für ein Püree durch ein Sieb zu streichen. Außerdem werden gern geschälte Erbsen oder Linsen verwendet. Besser ist es jedoch, die Hülsenfrüchte durch die feinste Scheibe des Fleischwolfes zu drehen, da gerade die Schalen dafür sorgen, daß sie leichter verdaulich sind. Man kann sie auch im Mixer pürieren. Die Schalen werden dabei so zerkleinert, daß sie im Püree nicht mehr stören.

400 g grüne oder gelbe ungeschälte Erbsen · 1½ l Wasser · 1 Lorbeerblatt · 1 Kräutersträußchen, bestehend aus Majoran, Thymian, Salbei oder je 1 Teel. dieser Kräuter getrocknet · je 2 Messerspitzen gemahlener Koriander, Kümmel, Piment · 2–3 Teel. Salz · 1 große Zwiebel · 2 Eßl. Öl · 2 Eßl. Butter · 2 Eßl. Zitronensaft · 2 Eßl. frisch gehackte Petersilie

Pro Portion etwa 1995 Joule/475 Kalorien
Zeit zum Einweichen: 8–12 Stunden
Zubereitungszeit: 1¼–1¾ Stunden

Die Erbsen waschen und 8–12 Stunden, am besten über Nacht, in dem Wasser quellen lassen. Die Erbsen dann mit dem Lorbeerblatt, dem Kräutersträußchen oder den getrockneten Kräutern zum Kochen bringen und zugedeckt bei schwacher Hitze in 1–1½ Stunden weich kochen. Das Lorbeerblatt und das Kräutersträußchen entfernen und die Erbsen durch die feinste Scheibe des Fleischwolfes drehen oder portionsweise im Mixer pürieren. Das Püree in den Topf zurückgeben und mit dem Koriander, dem Kümmel, dem Piment und dem Salz würzen. Bei ganz schwacher Hitze warmhalten. Die Zwiebeln schälen, würfeln und im Öl goldgelb braten. Die Butter in Flöckchen unter das Püree arbeiten und den Zitronensaft unterrühren. Das Erbsenpüree anrichten, die gebratene Zwiebel darauf verteilen und mit der Petersilie bestreuen.

Das paßt dazu: als Vorspeise Waldorfsalat (Rezept Seite 72); als Beilage Getreidegrütze (Rezept Seite 76); als Dessert rohes Apfelmuß (Rezept Seite 80)

Tip: 250 g frisches Sauerkraut kleinschneiden und zuletzt unter das Erbsenpüree rühren. Oder 1 Tasse gehackte Brunnenkresse oder 1 Handvoll sehr feingewiegte rohe Brennesselblätter unterrühren. Das sorgt für farblichen Kontrast, schmeckt gut und ist gesund.

Variante: Linsenpüree
400 g Tellerlinsen mit 1 Kräutersträußchen aus Basilikum, Estragon und etwas Liebstöckel weichkochen, im Mixer pürieren oder passieren. Das Püree mit gekörnter Gemüsebrühe, gemahlenem Anis, gemahlenem Fenchel und gemahlenem Macis würzen. 4 Eßlöffel Vollkornbrösel in 2 Eßlöffel Butter kurz braten und 3 Eßlöffel Apfelessig unterrühren.

Variante: Püree aus weißen Bohnen
Bild Seite 26
350 g weiße Bohnen mit 1 Zweig Bohnenkraut, 1 Zweig Thymian und 1 großem Blatt Liebstöckel oder etwas Selleriegrün weich kochen, passieren oder pürieren und salzen. Das Püree mit gemahlenem Koriander, Kümmel und Piment würzen. 250 g Tomaten nach Belieben häuten oder ungehäutet grobhacken und mit 1 gewürfelten Zwiebel und 1 zerdrückten Knoblauchzehe in 2 Eßlöffeln Öl weich dünsten. Die Tomaten mit dem Bohnenpüree mischen, Apfelessig sowie

1–2 Teelöffel Honig unterrühren. Reichlich frisch gehackte Gartenkräuter, im Winter Petersilie, und in etwas Butter gebratene Vollkorntoastwürfel unterrühren.

Variante: Kichererbsenpüree
450 g Kichererbsen mit 1 Lorbeerblatt und 2 Stengeln Bohnenkraut weich kochen. Das Lorbeerblatt und das Bohnenkraut entfernen und die Kichererbsen durchdrehen oder pürieren. 3 Knoblauchzehen hacken, mit etwas Salz zerdrücken und in 2 Eßlöffeln Olivenöl kurz anbraten. 3 Eßlöffel Tahin unterrühren und 3 Minuten braten. Die Mischung aus der Pfanne mit dem Kichererbsenbrei verrühren, mit Gomasio (Sesamsalz), Zitronensaft und 1 Messerspitze Chilipulver würzen und mit goldgelb gerösteten Sesam bestreuen.

Das paßt dazu: als Vorspeise Fellachensalat (Rezept Seite 71); als Beilage getoastetes Weizenvollkornbrot und schwarze Oliven

Püree aus schwarzen Bohnen

400 g schwarze Bohnen · 1 l Wasser · 1 kleiner Stengel Liebstöckel oder 1 Teel. getrocknetes Liebstöckel · 2 Stengel Bohnenkraut · 3 Knoblauchzehen · 1 Teel. Meersalz · 1 Teel. Selleriesalz · 6 Eßl. Olivenöl · 1 Prise Chilipulver · 2 Eßl. Apfelessig · 50 g schwarze Oliven · 50 g grüne Pistazien

Pro Portion etwa 2560 Joule/610 Kalorien
Zeit zum Einweichen: 8–12 Stunden
Zubereitungszeit: 1½–2 Stunden

Die Bohnen waschen und 8–12 Stunden, am besten über Nacht, in dem Wasser quellen lassen. Die Kräuter zufügen und die Bohnen zugedeckt bei schwacher Hitze in 1–1½ Stunden weich kochen. Die Bohnen dann etwas auskühlen lassen und portionsweise im Mixer pürieren oder durch die feinste Scheibe des Fleischwolfes drehen. Die Knoblauchzehen schälen und durch die Knoblauchpresse auf das Bohnenpüree drücken oder hacken und mit etwas Salz zerdrücken und zum Bohnenpüree geben. Das Olivenöl unterrühren. Das Püree mit dem Meersalz, dem Selleriesalz, dem Chilipulver und dem Apfelessig herzhaft würzen. Die Oliven entsteinen und feinhacken, die Pistazien hacken und die Oliven und Pistazien unter das Bohnenpüree mischen. Das Püree lauwarm servieren.

Das paßt dazu: als Beilage Vollkornspaghetti oder Tortillas aus Körnermais (Rezept Seite 78) und ein grüner Salat oder eine Tomatenplatte (Rezept Seite 71); als Dessert Weintraubensülze (Rezept Seite 85)

Süßes indisches Erbsenpüree

Das Originalrezept schreibt geschälte Erbsen vor. In diesem Fall können auch wir einmal von der Regel abweichen und für dieses geschmacklich sehr feine Gericht Schälerbsen verwenden. Will man ungeschälte Erbsen verwenden, muß man sie im Mixer sehr fein pürieren.

350 g Schälerbsen · 1¼ l Wasser · 75 g ungeschwefelte Rosinen · 3 Eßl. Butter · 2 Messerspitzen gemahlenen Anis · 1 Teel. gemahlener Koriander · je 1 Messerspitze gemahlene Nelken und gemahlener Caneel (indischer Zimt) · 1–2 Teel. Meersalz · 1 Eßl. Honig · ⅛ l Sahne · 3 Eßl. Kokosraspeln

Pro Portion etwa 2500 Joule/595 Kalorien
Zubereitungszeit: 1–1¼ Stunde

Die Schälerbsen waschen und sehr gut abtropfen lassen. Die Rosinen ebenfalls waschen, abtropfen lassen und anschließend in einem Küchentuch trockentupfen. Die Erbsen in einem Topf ohne Fettzugabe rösten, bis sie angenehm duften, mit dem Wasser übergießen, zum Kochen bringen und in 45–60 Minuten zugedeckt bei schwacher Hitze weich kochen. Die Rosinen inzwischen bei schwacher Hitze in der Butter braten, bis sie aufquellen. Die Erbsen pürieren und mit den Gewürzen, dem Salz und dem Honig würzen. Die Rosinen unterrühren. Die Sahne cremig schlagen und unter das Püree ziehen. Die Kokosraspeln in einer Pfanne ohne Fett goldgelb rösten und das Erbsenpüree damit bestreuen.

Das paßt dazu: als Vorspeise Walnuß-Avocado (Rezept Seite 67); als Beilage Bulgur (Rezept Seite 75)

Linsenpaste

Das würzige Linsenpüree kann kalt als Beilage zu Getreidegerichten gereicht werden. Mit grünem Salat umkränzt ist es eine gute Vorspeise. Auch auf Vollkornbrot mit Butter schmeckt es fein.

350 g Tellerlinsen · 1¼ l Wasser · 1 Stück unbehandelte Zitronenschale · 1 Lorbeerblatt · 2 Nelken · 5 Pimentkörner · 1 kleines Stück Zimtstange · 3 Eßl. frisches feingehacktes Basilikum · 5 Eßl. Olivenöl · 1 Zwiebel · 2 Knoblauchzehen · 2–3 Teel. Meersalz · 1 Teel. Honig · 3–5 Eßl. Zitronensaft

Pro Portion etwa 1825 Joule/435 Kalorien
Zubereitungszeit: 1¼–1½ Stunden

Die Linsen waschen, mit der Zitronenschale in dem Wasser zum Kochen bringen und zugedeckt bei schwacher Hitze in etwa 45 Minuten gut weich kochen. Das Lorbeerblatt, die Nelken, die Pimentkörner und den Zimt in ein Mullsäckchen binden und mitkochen lassen. Während die Linsen garen, das Basilikum mit 2 Eßlöffeln Olivenöl beträufeln und zugedeckt ziehen lassen. Die Zwiebel schälen und in kleine Würfel schneiden. Den Knoblauch schälen. Die Zwiebelwürfel im restlichen Öl weich braten, aber nicht braun werden lassen. Wenn die Linsen weich sind, das Mullsäckchen mit den Gewürzen entfernen, die Linsen durch die feinste Scheibe des Fleischwolfes drehen und auskühlen lassen. Die Knoblauchzehen über den Linsen auspressen oder mit etwas Salz zerdrücken und zufügen. Die gebratenen Zwiebelwürfel, das Salz, den Honig, den Zitronensaft und zuletzt das Basilikum mit dem Öl unterrühren.

Gewürzkörner, Nelken oder Lorbeerblätter, die man nach dem Garen wieder entfernen möchte, bindet man am besten in ein Mullsäckchen und hängt sie während des Kochens in das Gericht hinein.

Das paßt dazu: Tortillas aus Körnermais (Rezept Seite 78)

Rot-weißer Bohnensalat

Bild auf dem Einband

Salate aus Hülsenfrüchten sind keine Beilagen, sondern selbständige, sättigende Gerichte, die durch frisches rohes Gemüse oder rohes Obst noch wertvoller werden. Hülsenfruchtsalate schmecken auch im Sommer gut. Bemessen Sie Zitronensaft oder Essig etwas reichlicher als für andere Salate, weil ein Teil der Salatsauce in die Hülsenfrüchte einzieht.

Je 150 g rote Kidneybohnen und weiße Bohnen · 1 l Wasser · ½ Teel. gemahlener Kümmel · 2 Knoblauchzehen · 1 rote Zwiebel · 2–3 milchsauer eingelegte Gurken (etwa 150 g) · 2–3 Teel. Meersalz · 1 Prise Cayennepfeffer · 1 Teel. edelsüßes Paprikapulver · 3 Eßl. Apfelessig · 6 Eßl. Olivenöl · 1 Staude römischer Salat · 1 grüne Peperone

Pro Portion etwa 1825 Joule/435 Kalorien
Zeit zum Einweichen: 8–12 Stunden
Zubereitungszeit: 1¼–1¾ Stunden
Zeit zum Durchziehen: 30–60 Minuten

Die Bohnen waschen, quellen lassen und in dem Wasser mit dem Kümmel zum Kochen bringen. Die Knoblauchzehe schälen, unzerkleinert zu den Bohnen geben und diese zugedeckt bei schwacher Hitze in 1–1½ Stunden garen. Inzwischen die Zwiebeln schälen und in kleine Würfel schneiden, die Gurken ebenfalls kleinwürfeln. Das Salz mit dem Cayennepfeffer, dem Paprikapulver, dem Essig und dem Öl in einer Schüssel verrühren. Den Salat in einzelne Blätter zerlegen, waschen, gut abtropfen lassen und jedes Blatt in der Salatsauce wenden. Dann eine Salatschüssel damit auslegen. Die Zwiebel, die Gurken und die Bohnen in die Salatsauce geben, vorsichtig durchheben und den Bohnensalat in der Salatschüssel anrichten. Die Peperone waschen, in sehr dünne Ringe schneiden, den Stielansatz entfernen, über den Salat streuen und diesen mindestens 30 Minuten bei Zimmertemperatur durchziehen lassen.

Das paßt dazu: als Dessert Bananencreme (Rezept Seite 83)

Salat aus Limabohnen

Die schöngeformten, großen weißen Bohnen eignen sich besonders gut als Salatzutat. Doch muß man achtgeben, daß sie beim Kochen nicht zerfallen. Saucen für Hülsenfruchtsalate sollte man aus Öl mit einem hohen Anteil an mehrfach ungesättigten Fettsäuren bereiten.

300 g Limabohnen · 1 l Wasser · 6 Wacholderbeeren · 5 Pimentkörner · 1 Teel. Senfkörner · 1 Teel. Kümmel · 1 l Wasser · 1 großes Liebstöckelblatt oder etwas Selleriegrün · 2 Teel. Meersalz · 1 Knoblauchzehe · 1 Zwiebel · 2 Messerspitzen Senfpulver · je ½ Teel. getrocknetes Bohnenkraut, getrockneter Majoran und Thymian · 2 Messerspitzen Meersalz · ½ Teel. Honig · 2–3 Eßl. Zitronensaft · 5 Eßl. Distel- oder Keimöl · 250 g rohes Gemüse wie Blumenkohl, Möhren, Paprikaschoten, Schwarzwurzeln, Topinambur, Rotkohl, Weißkohl

Pro Portion etwa 1535 Joule/365 Kalorien
Zeit zum Einweichen: 8–12 Stunden
Zubereitungszeit: 1½–2 Stunden

Die Bohnen waschen und in dem Wasser 8–12 Stunden, am besten über Nacht, quellen lassen. Die Wacholderbeeren, die Pimentkörner, die Senfkörner und den Kümmel in ein Mullsäckchen binden und zu den Bohnen geben. Das Liebstöckel oder Selleriegrün zufügen. Die Bohnen im Einweichwasser in 1–1½ Stunden zugedeckt bei schwacher Hitze weich kochen. Wenn nötig noch etwas heißes Wasser nachfüllen. Das Mullsäckchen mit den Gewürzen entfernen, die Bohnen salzen und auskühlen lassen. Inzwischen für die Sauce den Knoblauch schälen, halbieren und mit den Schnittflächen eine Salatschüssel ausreiben oder die ganze Knoblauchzehe in die Salatschüssel pressen. Die Zwiebel schälen, in kleine Würfel schneiden und mit dem Senfpulver, dem Bohnenkraut, dem Majoran, dem Thymian, dem Salz, dem Honig und dem Zitronensaft in der Salatschüssel verrühren. Die abgekühlten Bohnen darin wenden. Zuletzt das Öl über die Bohnen träufeln und vorsichtig durchheben. Das Gemüse waschen, putzen,

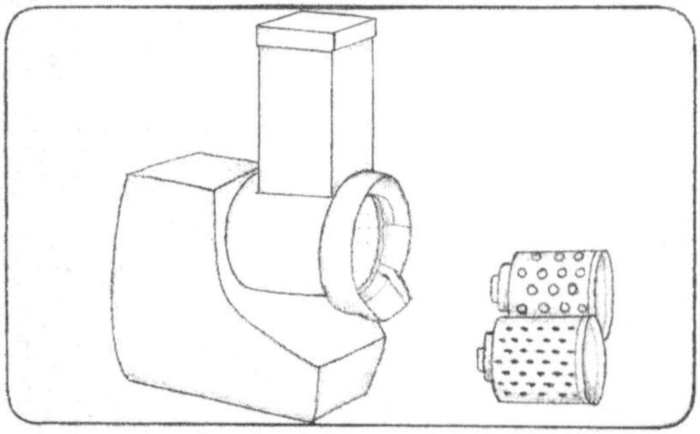

Wenn man größere Mengen von Rohkost herstellen will, erleichtert ein Rohkostvorsatz für die elektrische Küchenmaschine die Arbeit sehr; bei kleineren Mengen reicht auch eine Handreibe aus.

Schwarzwurzeln dünn schälen. Das Gemüse auf die Bohnen reiben und behutsam mit untermischen.

Paßt gut zu: allen Gersten-Backlingen (Rezept Seite 77)

Variante: Limabohnensalat mit Tomatensauce
Die Bohnen wie im Rezept beschrieben würzen, garen und abkühlen lassen. Für die Salatsauce 500 g reife Tomaten waschen. 2 davon vierteln, das weiche Innere mit den Kernen herauskratzen und das feste Tomatenfleisch in kleine Würfel schneiden. Die übrigen Tomaten feinhacken, mit dem Inneren der beiden gewürfelten Tomaten durch ein Sieb in eine Schüssel streichen. Der Rückstand im Sieb, Schalen und Kerne kann noch in einer Gemüsebrühe ausgekocht werden oder bei einer Tomatensuppe Verwendung finden. Das Tomatenpüree mit 1 Messerspitze gemahlenem Rosmarin, ½ Teelöffel getrocknetem Oregano, 1 mit etwas Salz zerdrückten Knoblauchzehe, 1 Teelöffel Honig oder Dicksaft, 1 Prise Cayennepfeffer, 1 Eßlöffel Zitronensaft und 3 Eßlöffeln Olivenöl verrühren. Eine kleingewürfelte Zwiebel und die Tomatenwürfel zufügen. Die abgekühlten Bohnen unterheben und den Salat 30–60 Minuten ziehen lassen.

Salat aus schwarzen Bohnen, Paprika und Schafkäse

300 g schwarze Bohnen · 1 l Wasser · 1 Lorbeerblatt · 6 Wacholderbeeren · 1 Zweig Thymian · 1 Zweig Bohnenkraut · 2 Teel. Meersalz · 2 Teel. Kräutersenf · 2 Teel. Apfel- oder Birnendicksaft · 1 Teel. mildes Paprikapulver · 2 Messerspitzen Meersalz · 3 Eßl. Apfelessig · 1 rote Zwiebel · 3 rote Paprikaschoten · 5 Eßl. Distel- oder Keimöl · 1 Bund frisches Basilikum (etwa 3 Eßl. gehackt) · 75 g Schafkäse · 1 Messerspitze getrockneter Oregano

Pro Portion etwa 2040 Joule/485 Kalorien
Zeit zum Einweichen: 8–12 Stunden
Zubereitungszeit: 1½–2 Stunden

Die Bohnen waschen und in dem Wasser 8–12 Stunden, am besten über Nacht, quellen lassen. Die Bohnen mit dem Lorbeerblatt und den Wacholderbeeren zum Kochen bringen und zugedeckt bei schwacher Hitze in 1–1½ Stunden weich kochen. Nach 45 Minuten Kochzeit den Thymian und das Bohnenkraut zufügen und mitkochen lassen. Kurz bevor die Bohnen weich sind, salzen. Den Thymian- und den Bohnenkrautzweig entfernen und die Bohnen abkühlen lassen. Inzwischen den Senf, den Dicksaft, das Paprikapulver, das Salz und den Apfelessig in einer Schüssel verrühren. Die Zwiebel schälen und kleinwürfeln. Die abgekühlten Bohnen in der Salatsauce wenden. Die Paprikaschoten waschen, halbieren, dabei die Stiele und Kerne entfernen. Die Hälften in kleine Würfel schneiden und mit den Bohnen mischen. Das Öl über den Salat träufeln. Das Basilikum waschen, trockenschleudern, kleinschneiden und unterheben. Den Schafkäse in kleine Scheiben schneiden, den Salat damit belegen und den Käse mit dem zerriebenen Oregano bestreuen.

Das paßt dazu: Soja-Chapatis (Rezept Seite 59) oder in etwas Butter gebratene Vollkorntoastscheiben und ein grüner Salat

Reissalat mit Mungobohnen

100 g Mungobohnen · ⅜ l Wasser · 200 g Naturlangkornreis · ¾ l Wasser · 2 Teel. getrockneter Estragon · 1 Eßl. gekörnte Gemüsebrühe · 2 Stangen Staudensellerie · 2 Möhren · 1 Apfel · 50 g gehackte Walnüsse · 2 Teel. Salz · 2 Teel. Ahornsirup · je 1 Messerspitze gemahlene Muskatnuß und gemahlener Piment · 3 Eßl. Apfelessig · 6 Eßl. Distel- oder Keimöl · 3 Eßl. frisch gehackte Petersilie

Pro Portion etwa 1930 Joule/460 Kalorien
Zeit zum Einweichen: 8–12 Stunden
Zubereitungszeit: ¾–1 Stunde
Zeit zum Durchziehen: ½–1 Stunde

Die Mungobohnen waschen und in dem Wasser 8–12 Stunden, am besten über Nacht, quellen lassen. Den Reis waschen und in dem Wasser ebenfalls 8–12 Stunden einweichen. Die Bohnen und den Reis dann jeweils im Einweichwasser zum Kochen bringen und in 30–45 Minuten weich kochen. Nach 30 Minuten Kochzeit den Estragon zum Reis geben und, kurz bevor die Reiskörner weich sind, die gekörnte Brühe unterrühren. Während Reis und Bohnen garen, den Staudensellerie waschen, schlechte Stellen abschneiden, die Stangen quer in dünne Streifen schneiden und das Selleriegrün feinhacken. Die Möhren unter fließendem Wasser gründlich bürsten und schlechte Stellen entfernen. Den Apfel waschen, vierteln, vom Kerngehäuse befreien. Den Reis und die Bohnen wenn nötig abtropfen lassen und in eine Salatschüssel füllen. Den Sellerie zufügen und die Möhren und den Apfel auf einer groben Reibe in die Schüssel reiben. Die gehackten Walnüsse zufügen und alles mischen. Das Salz mit dem Ahornsirup, dem Muskat, dem Piment und dem Essig verrühren, über die Zutaten in der Schüssel gießen und behutsam umrühren. Das Öl darüberträufeln, die Petersilie darüberstreuen und nochmals vorsichtig durchheben. Den Reissalat vor dem Servieren mindestens 30 Minuten bei Zimmertemperatur durchziehen lassen.

Das paßt dazu: heiße Soja-Chapatis (Rezept Seite 59); als Dessert gebackene Ananas (Rezept Seite 84)

Aus Auflaufform und Pfanne

Für die folgenden Rezepte empfiehlt es sich, die Hülsenfrüchte bereits am Tag vor der Zubereitung zu garen. Das kann während des täglichen Kochens nebenbei geschehen und macht so keine besondere Mühe. Man benötigt auf diese Weise am eigentlichen Zubereitungstag nicht mehr gar so lange Kochzeiten. Hülsenfruchtpuddings können auch wie Auflauf in einer feuerfesten Form im Backofen gebacken werden. Das dauert bei 180–200° 30–40 Minuten.

Westfälisches Bohnengericht

Die Westfalen lieben das Deftig-Kräftige; dazu gehören Hülsenfrüchte. Dieses Gericht bereiten sie ohne Speck und Schinken zu; deshalb ist es in der Vollwertküche willkommen.

375 g weiße Bohnen · 2 l Wasser · 1 Kräutersträußchen, bestehend aus Lorbeerblatt, Bohnenkraut, Thymian und Salbei · 500 g säuerliche Äpfel · 2 Teel. Rübensirup · 2 große Zwiebeln · 100 g Butter · 2 Eßl. Weizenvollkornmehl · ¼ l Bohnenkochwasser · 1 Messerspitze geriebene Muskatnuß · 1–2 Eßl. gekörnte Gemüsebrühe · 1 volle Tasse Vollkornbrösel

Pro Portion etwa 2350 Joule/560 Kalorien
Zeit zum Einweichen: 8–12 Stunden
Zubereitungszeit 2–2½ Stunden

Die Bohnen waschen und in dem Wasser 8–12 Stunden, am besten über Nacht, quellen lassen. Die Bohnen mit dem Kräutersträußchen im Einweichwasser zum Kochen bringen und zugedeckt bei schwacher Hitze in 1–1½ Stunden weich kochen. Etwa 30 Minuten bevor die Bohnen gar sind, die Äpfel waschen, vierteln, vom Kerngehäuse befreien und möglichst ungeschält in Spalten schneiden. Das Kräutersträußchen aus den Bohnen entfernen. Die Bohnen in einem Sieb abtropfen lassen und das Kochwasser auffangen. Die Bohnen mit den Apfelspalten und dem Sirup mischen. Den Backofen auf 180° vorheizen. Die Zwiebeln schälen, halbieren und die Hälften in dünne Scheiben schneiden. 2 Eßlöffel Butter zerlassen und die Zwiebeln darin glasig braten. Das Mehl über die Zwiebeln streuen und bei starker Hitze unter Rühren 3–5 Minuten braten, bis sich das Mehl hellbraun gefärbt hat. Das abgemessene Bohnenkochwasser unter Rühren zugießen. Die Zwiebelsauce bei schwacher Hitze 5 Minuten kochen lassen und mit dem Muskat und der gekörnten Gemüsebrühe würzen. Die Sauce mit den Bohnen und den Äpfeln mischen. Eine flache feuerfeste Form mit etwas Butter ausstreichen und die Bohnenmischung einfüllen. Die restliche Butter zerlassen. Die Vollkornbrösel darin unter Rühren 2 Minuten braten und dann auf den Bohnen verteilen. Den Auflauf auf der mittleren Schiebeleiste etwa 30 Minuten im Backofen backen, bis sich eine feste, braune Kruste gebildet hat.

Das paßt dazu: als Vorspeise Rote-Bete-Rohkost (Rezept Seite 72); als Dessert Beeren-Gelee (Rezept Seite 85)

Polenta-Auflauf mit Azukibohnen

Bild Seite 69

350 g Azukibohnen · 1½ l Wasser · 1 Lorbeerblatt · 2 Teel. getrocknete Salbeiblätter · je 2 Teel. getrockneter Thymian und Majoran · ¾ bis 1 l Wasser · 4 Teel. Meersalz · 2 Teel. getrocknetes Basilikum · 250 g Maisgrieß (Polenta) · 4 Knoblauchzehen · 1 große Zwiebel · 3 Eßl. Öl · 500 g Tomaten ·

100 g geriebener Pecorino oder Greyerzer Käse (Gruyère)
Für die Form: 1 Teel. Butter

Pro Portion etwa: 3275 Joule/780 Kalorien
Zeit zum Einweichen: 8–12 Stunden
Zubereitungszeit: 2–2½ Stunden

Die Azukibohnen waschen und in dem Wasser 8–12 Stunden quellen lassen. Das Lorbeerblatt, den Salbei, den Thymian und den Majoran zufügen, die Bohnen im Einweichwasser zum Kochen bringen und zugedeckt bei schwacher Hitze in 1–1½ Stunden weich kochen. Während die Bohnen garen, für den Maisgrießbrei ¾ l Wasser mit 2 Teelöffeln Salz und dem Basilikum zum Kochen bringen. Den Maisgrieß unter Rühren mit dem Schneebesen einstreuen. Die Hitze reduzieren und den Maisbrei unter Rühren 5 Minuten leise kochen lassen. Gegebenenfalls noch etwas heißes Wasser nachgießen. Den Grießbrei dann bei ganz schwacher Hitze (Schaltstufe 1/2, Drahtuntersatz) 30 Minuten ausquellen lassen. Die Knoblauchzehen und die Zwiebel schälen, feinschneiden und im Öl glasig braten. Die Tomaten waschen oder nach Belieben häuten und kleinschneiden; dabei den Stielansatz entfernen. Die Tomaten zum Knoblauch-Zwiebel-Gemisch geben, alles noch 3 Minuten braten lassen und dann 1 Teelöffel Salz unterrühren. Die Bohnen ebenfalls salzen. Den Backofen auf 200° vorheizen. Eine große Auflaufform mit Deckel mit der Butter einfetten. Den Käse unter den Maisbrei rühren und schlagen, bis er sich gut verteilt hat. Die Hälfte von der Polenta in die Auflaufform füllen und glattstreichen. Die gebratenen Tomaten entweder mit den Bohnen mischen und alles zusammen auf die Polenta in die Form füllen oder zuerst die Bohnen einfüllen und dann die Tomaten darauf verteilen. Mit dem übrigen Maisbrei bedecken, glattstreichen und die Butter in Flöckchen darauf verteilen. Den Auflauf zugedeckt 30 Minuten und anschließend noch 10 Minuten auf der zweiten Schiene von unten in der offenen Form backen.

Das paßt dazu: als Beilage ein beliebiger grüner Salat; als Dessert Kompott aus Dörraprikosen (Rezept Seite 82).

Cassoulet mit roten Bohnen

Bild Seite 52)

300 g rote Kidneybohnen · 1 l Wasser · 1 Teel. getrocknetes Bohnenkraut · 2 Eßl. gekörnte Gemüsebrühe · 500 g Auberginen · 2 Zwiebeln · 2 Knoblauchzehen · 1 grüne Peperone · ⅛ l Olivenöl · 2 Eßl. mildes Paprikapulver · 1 Teel. Meersalz · 1 Eßl. Zitronensaft · 6 Eßl. Vollkornbrösel
Für die Form: Öl

Pro Portion etwa 2120 Joule/505 Kalorien
Zeit zum Einweichen: 8–12 Stunden
Zubereitungszeit: 1½–2 Stunden

Die Bohnen in dem Wasser 8–12 Stunden, am besten über Nacht, quellen lassen. Die Bohnen im Einweichwasser mit dem Bohnenkraut zum Kochen bringen und zugedeckt bei schwacher Hitze in 1–1½ Stunden weich kochen; mit der gekörnten Brühe würzen. Während die Bohnen garen, die Auberginen waschen, abtrocknen und in ½ cm dicke Scheiben schneiden. Die Zwiebeln und die Knoblauchzehen schälen und in Würfel schneiden. Die Peperone waschen und sehr fein schneiden. Die Auberginenscheiben portionsweise in insgesamt 4 Eßlöffeln Öl von beiden Seiten goldgelb braten und auf Küchenkrepp abtropfen lassen. Im verbliebenen Fett in der Pfanne die Zwiebeln, den Knoblauch und die Peperone braten, bis die Zwiebeln goldgelb geworden sind. Das Paprikapulver und das Salz zufügen. Die Pfanne vom Herd nehmen. Den Backofen auf 200° vorheizen. Eine feuerfeste flache Form mit etwas Öl ausstreichen. Die Bohnen einfüllen, die Zwiebelmischung darauf verteilen und alles mit den gebratenen Auberginenscheiben bedecken. Die Auberginen mit dem Zitronensaft beträufeln. Das restliche Öl erhitzen, die Vollkornbrösel darin unter Rühren bräunen und auf den Auberginen verteilen. Den Auflauf auf der zweiten Schiene von unten 30 Minuten im Backofen backen.

Das paßt dazu: als Beilage ein beliebiger grüner Salat; als Dessert gefüllte Birnenhälften (Rezept Seite 86)

Tip: Statt Auberginen können auch Zucchinischeiben oder in entsprechend große Scheiben geschnittener Kürbis verwendet werden.

Peruanischer Bohnenauflauf

Bild Seite 87

300 g schwarze Bohnen · 1½ l Wasser · 8 Pimentkörner · 2 Nelken · 1 Teel. Senfkörner · 1 Eßl. gekörnte Gemüsebrühe · 750 g Kartoffeln · ½ l Wasser · 1 Teel. Kümmel · 3 rote Zwiebeln (etwa 250 g) · 2 Eßl. Öl · 1 Teel. Kräutersalz · Prise Cayennepfeffer · 1 Eßl. Butter · 2 Eßl. Weizenvollkornmehl · ⅛ l Bohnenkochwasser · ¼ Teel. Meersalz · 1 Messerspitze gemahlener Kümmel · ½ Tasse Sahne
Für die Form: 1 Teel. Öl

Pro Portion etwa 2250 Joule/535 Kalorien
Zeit zum Einweichen: 8–12 Stunden
Zubereitungszeit 1¾–2¼ Stunden

Die Bohnen waschen und in dem Wasser 8–12 Stunden, am besten über Nacht, quellen lassen. Die Bohnen im Einweichwasser zum Kochen bringen und zugedeckt bei schwacher Hitze in 1–1½ Stunden weich kochen. Die Pimentkörner, die Nelken und die Senfkörner zusammen in ein Mullsäckchen binden und mit den Bohnen kochen lassen. Kurz bevor die Bohnen weich sind, mit der gekörnten Brühe würzen und das Mullsäckchen entfernen. Während die Bohnen garen, die Kartoffeln unter fließendem Wasser gründlich bürsten, wenn nötig die Keimansätze (Augen) entfernen und die Kartoffeln im Wasser mit dem Kümmel bestreut etwa 25 Minuten garen. Das Wasser abgießen, die Kartoffeln etwas ausdämpfen lassen und ungeschält in nicht zu dünne Scheiben schneiden. Die Zwiebeln schälen, würfeln und im Öl weich braten, jedoch nicht bräunen lassen. Die gebratenen Zwiebeln mit ½ Teelöffel Kräutersalz und dem Cayennepfeffer würzen. Die Bohnen abtropfen lassen. Die Kochbrühe auffangen und ⅛ l davon abmessen. Die Butter in einem Topf zerlassen. Das Mehl darüberstäuben und bei starker Hitze unter Rühren etwas Farbe annehmen lassen. Unter ständigem Rühren mit dem Schneebesen das Bohnenkochwasser zugießen und die Sauce bei ganz schwacher Hitze 5 Minuten leise köcheln lassen. Zuletzt mit dem Salz und dem Kümmel würzen und die Sahne unterrühren. Den Backofen auf 200° vorheizen. Eine feuerfeste Form mit dem Öl ausstreichen. Den Boden der Form mit der Hälfte der Kartoffelscheiben belegen und diese mit etwas Kräutersalz bestreuen. Die Hälfte der gebratenen Zwiebeln auf die Kartoffelscheiben verteilen und darauf die Bohnen geben. Mit den übrigen Zwiebeln bedecken und darauf die restlichen Kartoffelscheiben legen. Die dicke Sahnesauce auf die Kartoffeln gießen und den Auflauf auf der zweiten Schiene von unten 30 Minuten backen. Falls die Oberfläche zu rasch bräunt, mit Alufolie abdecken.

Das paßt dazu: als Beilage Fenchelsalat mit Nußsauce (Rezept Seite 68); als Dessert Zitronencreme (Rezept Seite 90)

Variante: Auberginen-Linsen-Auflauf
250 g Linsen mit 1 grobgehackten Zwiebel, 1 Lorbeerblatt und 2 Nelken garen. Die Linsen mit gemahlenem Kümmel, gemahlenem Koriander, Salz, 1 Eßlöffel Apfeldicksaft und 2 Eßlöffeln Zitronensaft würzen. 1 Knoblauchzehe mit der Knoblauchpresse darüber ausdrücken. 750 g Auberginen in Scheiben schneiden und in Öl anbraten. Die Auberginen mit Zitronensaft beträufeln und mit Kräutersalz bestreuen. 300 g Pellkartoffeln ungeschält in Scheiben schneiden. Den Boden einer gefetteten Auflaufform mit der Hälfte der Auberginen belegen. Die Linsen darauffüllen, mit Auberginenscheiben bedecken und diese mit den Kartoffelscheiben belegen. 50 g geriebenen Emmentaler Käse oder Bergkäse mit 5 Eßlöffeln Vollkornbröseln mischen und auf die Kartoffelscheiben streuen. 2 Eßlöffel Öl darüberträufeln und den Auflauf bei 200° 30 Minuten im Backofen backen.

Linsen in Auberginen

300 g braune Linsen · 1 l Wasser · 1 Knoblauchzehe · 1 Lorbeerblatt · 1 Vollkornbrötchen · 1 Möhre · 100 g Stangensellerie (2 Stangen) · 1 Zwiebel · 2 Eßl. Öl · 1 Eßl. gekörnte Gemüsebrühe · 1 Teel. Selleriesalz · 2 Eßl. Apfelessig · 2 Eßl. Tahin oder Nußmus · 2 mittelgroße Auberginen · 1 Teel. Kräutersalz · ½ l naturreiner Tomatensaft · ½ Teel. gemahlener Piment · 1 Teel. mildes Paprikapulver

Pro Portion etwa 1930 Joule/460 Kalorien
Zeit zum Einweichen: 2 Stunden
Zubereitungszeit: 1½ Stunden

Die Linsen waschen und in dem Wasser 2 Stunden quellen lassen. Die Knoblauchzehe schälen, mit dem Lorbeer zu den Linsen geben und diese im Einweichwasser zugedeckt bei schwacher Hitze 30 Minuten kochen lassen. Inzwischen das Brötchen von Wasser bedeckt weichen lassen. Die Möhre unter fließendem Wasser sehr gründlich bürsten und putzen. Die Möhre in kleine Würfel schneiden. Den Sellerie waschen und in dünne Streifen schneiden. Die Zwiebel schälen und würfeln. Das Öl in einem flachen Topf mit breitem Durchmesser erhitzen und das zerkleinerte Gemüse darin unter Wenden anbraten. Das Lorbeerblatt aus den Linsen entfernen, die Linsen zum Gemüse geben und mit der gekörnten Gemüsebrühe, dem Selleriesalz und dem Apfelessig würzen. Das Tahin oder das Nußmus unterrühren, das Wasser zufügen und alles bei schwacher Hitze im offenen Topf 20 Minuten köcheln lassen. Den Backofen auf 220° vorheizen. Die Auberginen waschen, abtrocknen, längs halbieren und auf einem leicht eingefetteten Backblech 10 Minuten im Backofen backen. Die Auberginenhälften bis auf einen 1–2 cm dicken Rand aushöhlen. Das herausgelöste Auberginenfleisch feinhacken und zu den Linsen geben. Das Brötchen ausdrücken, zerpflücken und sorgfältig unter die Linsenmischung rühren. Die ausgehöhlten Auberginenhälften innen mit Kräutersalz bestreuen und mit der Linsenmasse füllen. Die gefüllten Auberginen in eine flache feuerfeste Form legen. Den Tomatensaft mit dem Piment und dem Paprikapulver würzen, über die Auberginen gießen und diese etwa 30 Minuten auf der mittleren Schiebeleiste bei 200° im Backofen garen.

Das paßt dazu: als Vorspeise Fellachensalat (Rezept Seite 71); als Beilage Naturreis (Rezept Seite 75); als Dessert Weintraubensülze (Rezept Seite 85)

Linsenspätzle

Bild Seite 51

Zutaten für 6 Personen:
250 g Tellerlinsen · ¾ l Wasser · 2 Teel. getrockneter Liebstöckel · 2 Vollkornbrötchen · knapp ⅛ l Milch · 1 Teel. Meersalz · 1 Eßl. gekörnte Gemüsebrühe · 2 Teel. getrockneter Majoran · 1 Messerspitze gemahlener Piment · 3 Eßl. Sojamehl und 5 Eßl. Wasser oder 2 Eier · 400–450 g Weizenvollkornmehl · 1 großer Bund Petersilie oder entsprechend viele andere frische Kräuter wie Dill, Kerbel, Pimpinelle, und Schnittlauch · 250 g Zwiebeln · 5 Eßl. Öl · 100 g geriebener Käse wie Bergkäse, Emmentaler, Greyerzer Käse (Gruyère) oder Pecorino · 1 Eßl. Butter · 1 Bund frisch gehackte Petersilie

Pro Portion etwa 2585 Joule/615 Kalorien
Zubereitungszeit: 1¾–2 Stunden

Die Linsen waschen und in dem Wasser mit dem Liebstöckel in 45–60 Minuten sehr weich kochen. Inzwischen die Vollkornbrötchen von Wasser bedeckt weichen lassen und anschließend gut ausdrücken. Die Milch erhitzen. Die gegarten Linsen mit den Vollkornbrötchen, dem Salz, der gekörnten Brühe, dem Majoran und dem Piment mischen und die Masse durch die feine Scheibe des Fleischwolfs drehen. Die heiße Milch unterrühren. Das mit dem Wasser verrührte Sojamehl oder die Eier zufügen und nach und nach so viel Vollkornmehl unterarbeiten, daß ein fester Spätzleteig entsteht. Die Kräuter feinhacken und unter den Teig mengen. Reichlich Salzwasser zum Kochen bringen. Den Spätzleteig wie gewöhnlich entweder portionsweise von einem nassen Brett mit dem Messer in das Salzwasser schaben oder durch einen Spätzlehobel ins Wasser drücken, in 3 Minuten garen und anschließend gut abtropfen lassen. Den Backofen auf 200° vorheizen. Die Zwiebeln schälen, halbieren, die Hälften in dünne Scheiben schneiden und im Öl goldgelb braten. Eine feuerfeste Form mit etwas Öl einstreichen und lagenweise die Spätzle, die Zwiebeln und den Käse einschichten. Die oberste Schicht Spätzle mit dem Käse bestreuen und mit Butterflocken besetzen. Die Linsenspätzle auf der zweiten Schiene von unten 30 Minuten im Backofen backen. Mit der Petersilie bestreut servieren.

Das paßt dazu: als Beilage Sauerkrautsalat (Rezept Seite 73); als Dessert Weintraubensülze (Rezept Seite 85)

Variante: Linsenspätzle mit Sauerkraut
Statt der Zwiebeln 300 g frisches Sauerkraut mit ½ Lorbeerblatt und 3 zerdrückten Wacholderbeeren in Öl und etwas Apfelsaft 15 Minuten dünsten. Dann wie die gebratenen Zwiebeln mit den Spätzle in die Form schichten.

Tip: Statt Sojamehl und Wasser oder Eiern kann man auch ¼ Tasse gut gekühltes kohlensäurehaltiges Mineralwasser zur Lockerung an den Teig geben. Mineralwasser kann in Vollwertgebäck einen Teil der meist reichlich verwendeten Eier ersetzen. Es hat eine gut lockernde Wirkung.

Mungobohnen-Tomaten-Kasserolle

250 g Mungobohnen · ¾ l Wasser · 2 Teel. getrocknete Salbeiblätter · 1–2 Teel. Meersalz · 250 g frische Maiskörner vom Kolben oder tiefgefrorene Maiskörner · 1 Eßl. Öl · ½ Tasse Wasser · 1 Teel. gemahlener Rosmarin · 1 Teel. Meersalz · 500 g Tomaten · 2 Teel. Ahornsirup · 1 Teel. Kräutersalz · 2 Eßl. Butter · 1 Tasse

Vollkornbrösel (geriebenes altbackenes Vollkornbrot) · 1 Tasse frisch geriebener Emmentaler Käse (etwa 60 g) · 1 Teel. mildes Paprikapulver
Für die Form: 1 Teel. Öl

Pro Portion etwa 2120 Joule/505 Kalorien
Zeit zum Einweichen: 8–12 Stunden
Zubereitungszeit: 1¼ Stunden

Die Mungobohnen waschen und in dem Wasser 8–12 Stunden, am besten über Nacht, quellen lassen. Den Salbei zufügen, die Bohnen im Einweichwasser zugedeckt bei schwacher Hitze in 30 Minuten weich kochen und anschließend salzen. Frische Maiskörner vom Kolben schaben. Den Mais – tiefgefrorene Maiskörner unaufgetaut – im Öl wenden, das Wasser zugießen und den Mais zugedeckt bei schwacher Hitze in 10–15 Minuten weich dünsten, mit dem Rosmarin und dem Salz würzen. Für dieses Gericht die Tomaten häuten. Die gehäuteten Tomaten kleinschneiden und mit dem Ahornsirup und dem Kräutersalz im Mixer pürieren. Oder die Tomaten hacken, durch ein Sieb streichen und mit dem Kräutersalz und dem Ahornsirup würzen. Mit den Bohnen mischen. Den Backofen auf 220° vorheizen. Eine feuerfeste Form mit Öl ausstreichen und abwechselnd die Bohnen und den Mais einschichten. Die Butter zerlassen und die Vollkornbrösel unter Wenden darin bräunen. Die Brösel als oberste Schicht in die Form füllen, mit dem geriebenen Käse und dem Paprikapulver bestreuen und den Auflauf 30 Minuten im Backofen überbacken.

Das paßt dazu: als Beilage ein beliebiger grüner Salat; als Dessert rohe Rhabarbergrütze (Rezept Seite 82)

Grüne-Erbsen-Pudding

400 g grüne Erbsen · 1½ l Wasser · 1 Teel. Koriander · ½ Teel. Fenchelsamen · 3 Eßl. Buchweizenmehl · 50 g Butter · 1 Eßl. gekörnte Gemüsebrühe · 2 Teel. Kräutersalz · 2 Teel. getrockneter Majoran · 1 Teel. Honig · ¼ Teel. gemahlener Piment · 1 Bund Petersilie · 3 Eßl. Vollkornbrösel

Pro Portion etwa 2310 Joule/550 Kalorien
Zeit zum Einweichen: 8–12 Stunden
Zubereitungszeit: 3 Stunden

Die Erbsen waschen und in dem Wasser 8–12 Stunden, am besten über Nacht, quellen lassen. Die Erbsen im Einweichwasser mit dem Koriander und dem Fenchelsamen zum Kochen bringen und zugedeckt bei schwacher Hitze in 1½–2 Stunden weich kochen. Wenn nötig noch etwas heißes Wasser nachfüllen. Die Erbsen

Soll ein Gericht schonend gegart werden, stellt man den Topf in einen Topf mit Wasser. Beim Wasserbad darf das Wasser nur bis kurz vor den Siedepunkt erhitzt werden, also nicht kochen.

dann mit dem Rest des Kochwassers portionsweise im Mixer nicht zu fein pürieren oder durch den Fleischwolf drehen. Das Buchweizenmehl unterrühren und die Butter – bis auf 1 Teelöffel – in Flöckchen unterarbeiten. In einem großen

Topf Wasser für ein Wasserbad zum Kochen bringen. Das Püree mit der gekörnten Brühe, dem Kräutersalz, dem Majoran, dem Honig und dem Piment würzen. Die Petersilie waschen, trockenschleudern, sehr fein hacken und unterrühren. Eine Puddingform mit Deckel mit der restlichen Butter ausstreichen und mit den Vollkornbröseln ausstreuen. Das Erbsenpüree einfüllen. Die Form verschließen, den Erbsenpudding 1 Stunde im fast kochenden Wasserbad garen und anschließend aus der Form auf eine Platte stürzen.

Das paßt dazu: als Vorspeise Waldorfsalat (Rezept Seite 72); als Beilage gebratene Kümmelkartoffeln; als Dessert Sanddorncreme

Tip: Der Erbsenpudding läßt sich vielseitig variieren. Man kann kurz gedünstetes Gemüse mit einschichten, Lauch, Mangold und Sauerkraut sind besonders gut geeignet. Oder man kocht nur 200 g Erbsen, bereitet dafür jedoch eine Getreidegrütze aus 150 g Schrot (Rezept Seite 76) und füllt diese auf die Erbsen in die Form. Das Püree kann auch bei 200° 45 Minuten im Backofen gebacken werden.

Sojabohnen-Auflauf

300 g gelbe Sojabohnen · 1 l Wasser · 1 Gewürzsträußchen, bestehend aus Koriandergrün oder Petersilie, Selleriegrün, Thymian und 1 Lorbeerblatt · 75 g Hirse oder etwa 200 g Rest vom Hirsotto (Rezept Seite 76) · ¼ l Wasser · 500 g Kartoffeln · 1 Eßl. Butter · ½ Teel. geriebene Muskatnuß · 1 Teel. Meersalz · je 1 Bund Schnittlauch und Dill · 2 Eßl. Tamari (dunkle Sojasauce) · 1 Eßl. Kräutersenf (aus dem Naturkostladen oder dem Reformhaus) · 1–2 Messerspitze Chilipulver und 1–1½ Teel. Salz Für die Form und zum Beträufeln: 2 Eßl. Öl

Pro Portion etwa 2120 Joule/505 Kalorien
Zeit zum Einweichen: 8–12 Stunden
Zubereitungszeit: 1½ Stunden

Die Sojabohnen waschen und in dem Wasser 8–12 Stunden, am besten über Nacht, quellen lassen. Die Sojabohnen im Einweichwasser mit dem Gewürzsträußchen zugedeckt bei schwacher Hitze in etwa 1 Stunde garen. Inzwischen die Hirse erst in einem Sieb kalt waschen, dann kochendheiß überbrühen. Die Hirse im Wasser zum Kochen bringen und in etwa 20 Minuten zugedeckt bei schwacher Hitze garen. (Der statt der Hirse verwendete Hirsottorest wird erst später benötigt.) Die Kartoffeln waschen, dünn schälen, in kleine Stücke schneiden und diese in wenig Wasser in etwa 15 Minuten weich kochen. Die Kartoffeln mit dem Kartoffelstampfer zerdrücken, die Butter unterrühren und die Kartoffeln mit dem Schneebesen zu einem dicken Püree schlagen. Die Hirse oder den Hirsottorest unter das Kartoffelpüree rühren. Die Masse mit dem Muskat und dem Salz würzen. Den Backofen auf 200° vorheizen. Den Dill waschen, trokkenschleudern, kleinschneiden und unter das Kartoffel-Hirse-Püree rühren. Das Kräutersträußchen aus den Sojabohnen entfernen. Die Bohnen mit dem Tamari, dem Senf, dem Chilipulver und dem Salz würzen. Eine flache feuerfeste Form mit 2 Teelöffeln Öl ausstreichen. Die Bohnen einfüllen, das Püree daraufstreichen und mit dem restlichen Öl beträufeln. Den Auflauf auf der mittleren Schiene in 30 bis 40 Minuten goldbraun backen.

Das paßt dazu: als Beilage Spinatsalat (Rezept Seite 68) oder Rapunzelsalat (Rezept Seite 68); als Dessert Kompott aus Dörraprikosen (Rezept Seite 82)

Erbsenkranz

400 g gelbe oder grüne Erbsen · 1½ l Wasser · 1 große Zwiebel · ⅛ l Tomatensaft · 2 Tassen Vollkornbrösel (etwa 100 g) · 4 Eßl. Öl · 2 Eier · 3 Eßl. Buchweizenmehl · 2 Teel. getrocknetes Basilikum · je 1 Teel. getrocknetes Bohnenkraut und getrockneter Majoran · 1 Eßl. gekörnte Gemüsebrühe · 2 Teel. Kräutersalz

Pro Portion etwa 2750 Joule/655 Kalorien
Zeit zum Einweichen: 8–12 Stunden
Zubereitungszeit: 2¼–2¾ Stunden

Die Erbsen in dem Wasser 8–12 Stunden, am besten über Nacht, quellen lassen. Die Erbsen im Einweichwasser zum Kochen bringen und in 1½ bis 2 Stunden gut weich kochen. Die Erbsen mit dem Kartoffelstampfer zerdrücken. Die Zwiebel schälen, in kleine Würfel schneiden und mit dem Tomatensaft, den Vollkornbröseln, dem Öl – 1 Teelöffel Öl zurückbehalten – den Eiern, dem Buchweizenmehl, den getrockneten Kräutern, der gekörnten Gemüsebrühe und dem Kräutersalz unter den Erbsenbrei rühren. Den Backofen auf 200° vorheizen. Eine Ringform mit dem restlichen Öl ausstreichen und die Erbsenmasse einfüllen. Den Erbsenkranz auf der zweiten Schiebeleiste von unten 30 Minuten im Backofen backen und dann auf eine Platte stürzen.

Das paßt dazu: als Beilage Grünkerngrütze (Rezept Seite 76) und Rapunzelsalat (Rezept Seite 68) oder ein anderer grüner Salat; als Dessert rohes Apfelmus (Rezept Seite 80)

Tip: Damit sich der gebackene Erbsenkranz leichter aus der Form löst, die gefettete Form mit 2–3 Eßlöffeln gerösteten Sesamkörnern ausstreuen. Auch abgesiebte Getreideschalen (Kleie) kann man kurz anrösten und zum Ausstreuen von Formen verwenden.

Soja-Backlinge

Backlinge und Bratlinge mögen alle Vegetarier gern. Ist das etwa so, weil sie wie die vielgeliebten Hackfleischfrikadellen aussehen? Im Geschmack können es Backlinge aus Hülsenfrüchten in der Tat mit diesen aufnehmen. Viele interessante Zutaten machen sie saftig und lekker. Auch Reste von Hülsenfruchtgerichten lassen sich auf diese Art schmackhaft »verbraten«.

200 g gelbe Sojabohnen · 1¼ l Wasser · 2 Teel. getrocknetes Liebstöckel · 150 g mittelfeiner Grünkernschrot · ¾ l Wasser · 1 Stange Lauch/Porree · 1 Möhre · 1 kleines Stück Sellerieknolle · 1 kleine Zwiebel · 3 Eßl. Öl · 1–2 Teel. Kräutersalz · 1 Messerspitze Cayennepfeffer · 1 Eßl. mildes Paprikapulver · 3 Eßl. Sojamehl · 3 Eßl. Vollkornzwiebackmehl
Für das Backblech: Öl

Pro Portion etwa 2035 Joule/485 Kalorien
Zeit zum Einweichen: 8–12 Stunden
Zubereitungszeit: 1¾ Stunden

Die Sojabohnen waschen und in ½ l Wasser 8–12 Stunden, am besten über Nacht, quellen lassen. Die Sojabohnen mit dem Liebstöckel im Einweichwasser zum Kochen bringen und zugedeckt bei schwacher Hitze in etwa 1 Stunde garen. Inzwischen den Grünkernschrot mit ¼ l Wasser übergießen und 30 Minuten einweichen. Vom Lauch die harten Blattspitzen abschneiden und welke Blätter entfernen. Den Lauch zweimal der Länge nach aufschlitzen, unter fließendem Wasser sehr gründlich waschen und in dünne Scheiben schneiden. Die Möhre und den Sellerie unter fließendem Wasser gründlich bürsten, schlechte Stellen entfernen und beides in sehr kleine Würfel schneiden. Die Zwiebeln schälen und ebenfalls kleinwürfeln. Das Öl erhitzen. Das kleingeschnittene Gemüse unter Wenden im Öl braten, bis die Möhrenwürfel fast weich sind, jedoch nicht bräunen lassen. Für den Grünkernschrot den restlichen ½ l Wasser zum Kochen bringen. Den Grünkern einrühren, aufkochen, bei schwacher Hitze 5 Minuten köcheln und dann bei ganz schwacher Hitze (Drahtuntersatz) 30 Minuten ausquellen lassen. Die gegarten Sojabohnen durch die feinste Scheibe des Fleischwolfes drehen und mit dem gebratenen Gemüse und dem Grünkernschrotbrei mischen. Die Masse mit dem Kräutersalz, dem Cayennepfeffer und dem Paprikapulver würzen und so viel Sojamehl unterarbeiten, daß ein formbarer, nicht zu fester Teig entsteht. Den Backofen auf 180° vorheizen. Ein Backblech dünn mit Öl einfetten. Aus dem Sojateig mit nassen Händen Backlinge wie Frikadellen formen und einzeln im Zwiebackmehl wenden. Die Backlinge auf das Blech legen und in etwa 30 Minuten im Backofen goldgelb backen. Nach 20 Minuten Backzeit einmal wenden.

Das paßt dazu: als Beilage Möhrenrohkost mit Kresse (Rezept Seite 71); als Dessert Hafercremespeise (Rezept Seite 86)

Tip: Die Backlinge können auch in der Pfanne gebraten werden; bei schwacher Hitze von jeder Seite 8–10 Minuten. Statt Zwiebackmehl goldgelb gerösteten Sesam verwenden. Das verleiht den Backlingen ein köstliches Nußaroma. Doch Backlinge sind gesünder als Bratlinge, da beim Backen weniger Fett benötigt wird. Wer dennoch auch einmal gern Bratlinge zubereiten möchte, sollte eine Eisen- oder Stahlpfanne benutzen.

Linsen-Haferflocken-Bratlinge

Zutaten für 4–6 Portionen:
200 g beliebige ungeschälte Linsen · ¾–1 l Wasser · 1 Teel. getrocknter Thymian · 1 Stück unbehandelte Zitronenschale · 2 Zwiebeln · 1 Knoblauchzehe · ⅛ l Öl · 150 g feine Haferflocken · 5 Eßl. Haselnußmus · Saft von ½–1 Zitrone · 1–2 Eßl. Apfeldicksaft · 2 Teel. getrocknetes Basilikum · 1 Messerspitze gemahlener Piment · 3 Teel. Kräutersalz · 2 Eßl. frisch gehackte Petersilie

Bei 4 Portionen pro Portion etwa 3045 Joule/
725 Kalorien
Zubereitungszeit: 2 Stunden

Die Linsen waschen, mit ¾ l Wasser, dem Thymian und der Zitronenschale zum Kochen bringen und in etwa 45 Minuten sehr weich kochen. Wenn nötig während des Kochens noch etwas heißes Wasser nachfüllen. Inzwischen die Zwiebeln und die Knoblauchzehe schälen, in sehr kleine Würfel schneiden und in 2 Eßlöffeln Öl glasig braten. Die Zitronenschale aus den gegarten Linsen entfernen. Die gebratenen Zwiebeln mit dem Knoblauch und die Haferflocken zufügen. Bei schwacher Hitze nach und nach das Nußmus unterrühren. Wenn die Masse zu fest ist, noch etwas heißes Wasser zugießen. Den Linsenteig mit dem Zitronensaft, dem Apfeldicksaft, dem Basilikum, dem Piment und dem Kräutersalz würzen, vom Herd nehmen und 30 Minuten stehen lassen. Die Petersilie unterrühren. Mit nassen Händen flache, 6–8 cm große Frikadellen aus dem Linsenteig formen und diese im restlichen Öl 15–20 Minuten knusprig braun braten. Dabei zweimal wenden.

Das paßt dazu: als Vorspeise Topinambursalat (Rezept Seite 72); als Beilage gedünstete Tomaten; als Dessert Birnensalat (Rezept Seite 81)

Feuriges aus fernen Ländern

In weiten Teilen der Erde gehören Hülsenfrüchte, allen voran die Bohnen, auch heute noch zu den Grundnahrungsmitteln. Meist sind es Länder der warmen Regionen, in denen Hülsenfruchtgerichte zu den nationalen Spezialitäten zählen. Alle diese Casseroles, Curries und Aufläufe sind ausnahmslos gut und scharf gewürzt. Schärfer als wir es gewohnt sind. In heißen Ländern hat dieses scharfe Würzen durchaus einen Sinn. Die Verdauung wird angeregt, der Stoffwechsel unterstützt und Herz und Kreislauf dadurch entlastet. Paprika, Pfeffer, ja fast alle »heißen« Gewürze gedeihen nur in den warmen Ländern, eben da, wo sie eine wichtige Aufgabe in der Ernährung erfüllen. Die Gewürzkompositionen der folgenden Rezepte nehmen auf unseren empfindlicheren Gaumen Rücksicht. Doch Vorsicht bei Chilischoten (Peperoni) und Cayennepfeffer. Zuerst nur eine kleine Dosis zufügen, probieren und nach Belieben noch nachwürzen.

Ägyptisches Bohnengericht

Dieses Gericht, das in Ägypten »Fuhl medames« genannt wird, verdankt seinen würzigen Geschmack dem Knoblauch, der Peperone, dem Kreuzkümmel und dem Cayennepfeffer.

400 g braune Bohnen · 1½ l Wasser · 3 Knoblauchzehen · 2 Fleischtomaten · 2 rote Paprikaschoten · 1 Bund Frühlingszwiebeln · 1 rote Peperone, frisch oder getrocknet · 2 Eßl. Butter · 4 Eßl. Tahin (Sesampaste) · 2 Teel. Kreuzkümmel · 2 Teel. Salz · 1 Messerspitze Cayennepfeffer

Pro Portion etwa 2540 Joule/605 Kalorien
Zeit zum Einweichen: 8–12 Stunden
Zubereitungszeit: 1½–2 Stunden

Die Bohnen waschen und in dem Wasser 8–12 Stunden, am besten über Nacht, quellen lassen. Die Knoblauchzehen schälen. Die Bohnen mit 2 Knoblauchzehen im Einweichwasser zum Kochen bringen und zugedeckt bei schwacher Hitze in 1–1½ Stunden weich kochen. Wenn nötig, noch etwas heißes Wasser nachfüllen. Die Tomaten waschen, nach Belieben häuten und grobhacken. Die Paprikaschoten waschen, vierteln und die Viertel in dünne Streifen schneiden. Die Frühlingszwiebeln waschen und mit dem Grün sehr fein schneiden. Die frische Peperone waschen und sehr fein hacken, getrocknete im Mörser zerstoßen oder zerreiben. Die Butter unter die gegarten Bohnen rühren. Das Tahin in einem flachen Topf bei schwacher Hitze unter Rühren weich werden lassen. Wenn die Sesampaste sehr fest ist, etwas heißes Wasser zugeben. Das zerkleinerte Gemüse zufügen und alles bei schwacher Hitze 10 Minuten dünsten. Dabei hin und wieder umrühren. Die Mischung zu den Bohnen geben. Das Gericht mit dem Kreuzkümmel, dem Salz und dem Cayennepfeffer würzen. Die dritte Knoblauchzehe darüber auspressen und unterrühren. Vor dem Servieren noch 5 Minuten bei schwacher Hitze ziehen lassen.

Das paßt dazu: als Beilage Bulgur mit Zwiebeln und Kräutern (Rezept Seite 75) und Fellachensalat (Rezept Seite 71); als Dessert Traubensalat (Rezept Seite 81)

Variante: Braune Bohnen mit Salat
400 g braune Bohnen in 1½ l Wasser wie im Rezept beschrieben mit 2 Knoblauchzehen garen. In einem flachen Topf mit breitem Durchmesser 4 Eßlöffel Olivenöl erhitzen und darin 4 gehackte Zwiebeln, 2 gehackte Knoblauchzehen, 2 kleingeschnittene Tomaten, je 1 Bund kleingeschnittenen Schnittlauch und gehackte Petersilie 10 Minuten braten. Die Bohnen zerstampfen, zum gebratenen Gemüse geben, mit 1 Teelöffel

Für die Zubereitung der im Ofen überbackenen Linsenspätzle braucht man etwas Zeit. Aber die Mühe lohnt sich. Rezept Seite 44.

gemahlenen Kreuzkümmel oder Kümmel, ½ Teelöffel Chilipulver und 1–2 Teelöffel Meersalz würzen. 1 Römischen Salat in Blätter zerlegen, waschen, trockenschleudern, in dünne Streifen schneiden, unter die Bohnen mischen und noch 5 Minuten schmoren lassen.

Variante: Braune Bohnen mit Béchamelsauce
350 g braune Bohnen in 1¼ l Wasser weich kochen. 3 gehackte Zwiebeln und 3 in Ringe geschnittene grüne Peperoni in 4 Eßlöffeln Öl goldgelb braten und mit den Bohnen mischen. Die Bohnen salzen und reichlich gehackte Petersilie sowie 1 Eßlöffel frische gehackte Minzblätter, 2 Teelöffel gehackten Thymian unterrühren. Aus 2 Eßlöffeln Butter, 2 Eßlöffeln Weizenvollkornmehl, ¼ l heißer Gemüsebrühe und 1 Tasse Sahne eine dicke Béchamelsauce bereiten, mit Meersalz und mildem Paprikapulver würzen. Die Bohnen in eine mit Öl gefettete Auflaufform füllen, 4 hartgekochte, in Scheiben geschnittene Eier darauflegen, mit der Béchamelsauce übergießen und im auf 200° vorgeheizten Backofen in 25–30 Minuten goldbraun überkrusten.

Brasilianischer Bohnenpfannkuchen

Die Indianer in den tropischen Regenwäldern Südamerikas machten das Stärkemehl der blausäurehaltigen Maniokwurzel für die Ernährung nutzbar. Sie stampften die Wurzeln und preßten aus dem Brei den giftigen Saft aus. Was übrigblieb, wurde getrocknet und im Mörser zerstoßen. Es war die Urform des Tapiokas, wie wir es heute kennen. Man streut sie in das Gericht und läßt sie unter Rühren quellen. Sie lösen sich auf und binden Flüssigkeit, ohne sie zu trüben.

350 g braune oder schwarze Bohnen · 1¾ l Wasser · 1 Lorbeerblatt · 2 Teel. Kreuzkümmel · 3 getrocknete rote Peperoni · 2 große rote Zwiebeln · 2 Knoblauchzehen · 5 Eßl. Öl · 2 Eßl. gekörnte Gemüsebrühe · 6 Eßl. Tapioka · ¼ Teel. gemahlener Kümmel · ¼ Teel. gemahlener Piment

Pro Portion etwa 1785 Joule/425 Kalorien
Zeit zum Einweichen: 8–12 Stunden
Zubereitungszeit: 1½–2 Stunden

Die Bohnen waschen und in dem Wasser 8–12 Stunden, am besten über Nacht, quellen lassen. Die Bohnen mit dem Lorbeerblatt, dem Kreuzkümmel und den unzerkleinerten Peperoni zum Kochen bringen und zugedeckt bei schwacher Hitze in 1–1¼ Stunden fast weich kochen. Das Lorbeerblatt und die Peperoni entfernen. Kurz vor Beendigung der Garzeit der Bohnen die Zwiebeln und den Knoblauch schälen, hacken und in 2 Eßlöffeln Öl goldgelb braten. Die Bohnen mit dem Kartoffelstampfer zerdrücken, die gebratenen Zwiebeln mit dem Knoblauch und die gekörnte Brühe unterrühren. Das Tapioka über die Bohnen streuen, unterrühren und bei schwacher Hitze in etwa 20 Minuten ausquellen lassen, bis es sich völlig aufgelöst hat und der Bohnenbrei fest geworden ist. Den Kümmel und den Piment zufügen. Das restliche Öl in zwei großen Pfannen erhitzen, den dicken Bohnenbrei in den Pfannen verteilen und langsam bei schwacher Hitze von beiden Seiten in jeweils 15 Minuten kroß braten.

Das paßt dazu: als Beilage Spinatsalat (Rezept Seite 68); als Dessert Preiselbeercreme (Rezept Seite 85)

Tip: Während die Bohnen garen, die Tapiokakörner, in kaltem Wasser quellen lassen. Sie lösen sich beim Kochen dann etwas rascher auf.

Hülsenfrüchte eignen sich sehr gut für Eintöpfe und Aufläufe, wie dieses Cassoulet mit roten Bohnen zeigt. Rezept Seite 41.

Kreolisches Bohnengericht

350 g Limabohnen · 1½ l Wasser · 1 Lorbeerblatt · 3 Zwiebeln · 2 Knoblauchzehen · 2 grüne Peperoni · 500 g Tomaten · 5 Eßl. Öl · ½ Teel. gemahlener Piment · 1 Teel. frisch gemahlene Senfkörner · 2 Teel. Kräutersalz · 1 Eßl. Weizenvollkornmehl · 1 Eßl. Rübensirup · ½–1 Teel. Meersalz

Pro Portion etwa 1975 Joule/470 Kalorien
Zeit zum Einweichen: 8–12 Stunden
Zubereitungszeit: 1¾–2¼ Stunden

Die Bohnen waschen und in dem Wasser mit dem Lorbeerblatt 8–12 Stunden, am besten über Nacht, quellen lassen. Die Bohnen im Einweichwasser zum Kochen bringen und zugedeckt bei schwacher Hitze in 1½–2 Stunden weich kochen. Etwa 30 Minuten vor Beendigung der Garzeit für die Bohnen die Zwiebeln und den Knoblauch schälen und kleinschneiden. Die Peperoni waschen und feinhacken. Die Tomaten waschen und achteln, dabei die Stielansätze entfernen. Die Zwiebeln, den Knoblauch und die Peperoni in einer großen Pfanne in etwa 10 Minuten bei schwacher Hitze im Öl weich braten. Den Piment, die gemahlenen Senfkörner und das Kräutersalz unterrühren. Das Mehl darüberstreuen und unter Rühren weitere 5 Minuten braten. Den Sirup unterrühren und die Tomaten zufügen. Das Lorbeerblatt aus den Bohnen entfernen. Die Mischung aus der Pfanne zu den weichen Bohnen geben und behutsam unterrühren. Alles bei schwacher Hitze noch 10 Minuten durchziehen lassen und mit Salz abschmecken.

Das paßt dazu: als Vorspeise Fenchelsalat mit Nußsauce (Rezept Seite 68); als Beilage Weizengrütze (Rezept Seite 76); als Dessert Bananencreme (Rezept Seite 83)

Indischer Bohnen-Kürbis-Curry

Bild 2. Umschlagseite

300 g Azukibohnen · 1 l Wasser · 1 Stück Ingwerwurzel, frisch oder getrocknet · 3 Knoblauchzehen · 1 getrocknete rote Peperone · 1 Teel. gemahlenes Curcuma (Gelbwurz) · 1 Teel. Kreuzkümmel · 2 Nelken · 5 Pimentkörner · 1 Stückchen Stangenzimt · 500 g Kürbis oder Zucchini · 1 große Zwiebel · 1 frische grüne Peperone · 3 Eßl. Öl · ⅛ l Tomatensaft · Saft von ½ Zitrone · 2 Eßl. Butter · 2 Teel. Salz · 2 Eßl. Sesamsamen oder 2 Eßl. Kokosraspeln

Pro Portion etwa 2270 Joule/540 Kalorien
Zeit zum Einweichen: 8–12 Stunden
Zubereitungszeit: 1¼–1¾ Stunden

Die Bohnen waschen und in dem Wasser 8–12 Stunden, am besten über Nacht, quellen lassen. Die Bohnen im Einweichwasser mit dem Ingwer zum Kochen bringen und zugedeckt in 1–1½ Stunden garen. Inzwischen die Knoblauchzehen schälen und grobhacken. Die Hälfte vom gehackten Knoblauch mit den Gewürzen von roter Peperone bis Stangenzimt im Mörser fein zerstoßen. Den Kürbis schälen und in Würfel schneiden oder die Zucchini waschen und in Scheiben schneiden. Die Zwiebel schälen und würfeln. Die grüne Peperone waschen und kleinschneiden. Den Kürbis oder die Zucchini mit den Zwiebelwürfeln, dem restlichen Knoblauch und der grünen Peperone in Öl unter Wenden kurz anbraten. Den Tomatensaft und den Zitronensaft zugießen und alles zugedeckt bei schwacher Hitze 15 Minuten dünsten. Die Butter in einer Pfanne zerlassen, die Gewürzmischung aus dem Mörser zufügen und bei mittlerer Hitze unter Rühren 5 Minuten braten. Die Bohnen und die

Gewürzmischung behutsam mit dem Kürbis mischen, salzen und alles 5 Minuten bei schwacher Hitze durchziehen lassen. Den Sesam oder die Kokosraspeln ohne Fettzugabe unter Wenden goldgelb braten und zuletzt über den angerichteten Bohnencurry streuen.

Das paßt dazu: als Beilage Tortillas aus Maiskörnern (Rezept Seite 78); als Dessert Kompott aus Dörraprikosen (Rezept Seite 82)

Variante: Kichererbsen-Curry
400 g Kichererbsen in 1½ l Wasser quellen lassen und im Einweichwasser zum Kochen bringen. 1 Eßlöffel Currypulver, 1 Teelöffel Chilipulver, 2 Eßlöffel gemahlenes Curcuma (Gelbwurz), 2 Teelöffel Senfkörner und 1 Teelöffel Kreuzkümmel in 3 Eßlöffeln Butter unter Rühren 5 Minuten braten. Die Gewürzmischung zu den Kichererbsen geben und diese zugedeckt bei schwacher Hitze in 1½–2 Stunden garen. Die Kichererbsen salzen und 100 g geröstete Kokosraspeln unterrühren. Koriandergrün oder 1 Bund Petersilie feinhacken und über den Kichererbsencurry streuen.

Malayische Linsen

250 g beliebige ungeschälte Linsen · 200 g Naturreis · ⅜ l Wasser · 2 Bund Frühlingszwiebeln · 5 Eßl. Öl · ¾–1 l Gemüsebrühe · 2 Teel. frische geriebene Ingwerwurzel oder 1 Teel. Ingwerpulver · 5 Gewürznelken · 1 Stück Stangenzimt · 1 Messerspitze Cayennepfeffer · 1–2 Teel. Meersalz · 1 rote Paprikaschote · 1 Banane · 1 Tasse frische enthülste Erbsen · 1 Bund Petersilie · 1 Zitrone

Pro Portion etwa 2375 Joule/565 Kalorien

Zeit zum Einweichen: 2 Stunden
Zubereitungszeit: 50 Minuten

Die Linsen und den Reis waschen und zusammen in dem Wasser 2 Stunden quellen lassen. Die Frühlingszwiebeln waschen und mit dem Grün in Scheiben schneiden. Die Zwiebeln dann in einem flachen Topf mit breitem Durchmesser im Öl braten, aus dem Fett nehmen und beiseite stellen. Die Linsen mit dem Reis abtropfen lassen und unter Wenden im verbliebenen Öl im Topf 5 Minuten braten. Inzwischen die Gemüsebrühe erhitzen und etwa ½ l Gemüsebrühe zum Reis und den Linsen gießen. Den Ingwer, die Gewürznelken und den Zimt zufügen und den Reis und die Linsen zugedeckt bei schwacher Hitze in etwa 40 Minuten garen. Zwischendurch nach Bedarf immer etwas heiße Brühe nachgießen. Die Linsen und der Reis werden zur gleichen Zeit gar. Zuletzt soll die Flüssigkeit fast ganz aufgesogen sein. Den Linsenreis mit dem Cayennepfeffer und dem Salz würzen. Die Paprikaschote waschen, vierteln und von Rippen und Kernen befreien. Die Viertel in dünne Streifen schneiden. Die Banane schälen und in Scheiben schneiden. Die Paprikaschote, die Banane und die Erbsen mit den Linsen und dem Reis mischen und bei schwacher Hitze noch 10 Minuten mitgaren. Die noch im Topf verbliebene Flüssigkeit verdampft dabei völlig. Damit nichts am Topfboden ansetzt, ab und zu vorsichtig mit einem Bratenwender umrühren. Den Linsenreis anrichten, die gebratenen Zwiebeln daraufhäufen. Die Petersilie waschen, trockenschleudern, feinhacken und auf die angerichteten Linsen streuen. Die Zitrone achteln und das Gericht damit umlegen. Jeder würzt sich die Malayischen Linsen nach eigenem Geschmack mit Zitronensaft.

Das paßt dazu: als Vorspeise Selleriesalat (Rezept Seite 73); als Dessert frische Ananas mit Schlagsahne

Pilaw mit Azukibohnen

Bild Seite 70

Ein recht mächtiges, aber sehr wohlschmeckendes Bohnengericht. Der Duft der Gewürze läßt an Speisegenüsse des Orients denken. Dieser Bohnenpilaw begeistert auch Nichtvegetarier.

200 g Azukibohnen · ¾ l Wasser · 200 g Naturreis · ¾ l Wasser · 4 Knoblauchzehen · 1 Stück frische Ingwerwurzel oder 1 Teel. Ingwerpulver · 4 Eßl. frisch gehackte Petersilie · 1 Teel. gemahlenes Curcuma (Gelbwurz) · 1 Teel. Kreuzkümmel · 1 Teel. scharfes Paprikapulver · 1–2 getrocknete rote Chilischoten (Peperoni) · 5 Pimentkörner · 1 Zwiebel · 2 Fleischtomaten · 3 Eßl. ungeschwefelte Korinthen · 3 Eßl. Pinienkerne · 2–3 Teel. Meersalz · 3 Eßl. Öl

Pro Portion etwa 2330 Joule/555 Kalorien
Zeit zum Einweichen: 8–12 Stunden
Zubereitungszeit: 1½ Stunden

Die Bohnen und den Reis waschen und getrennt in jeweils ¾ l Wasser 8–12 Stunden quellen lassen. Die Bohnen im Einweichwasser zum Kochen bringen und zugedeckt bei schwacher Hitze etwa 1 Stunde garen. Den Reis ebenfalls im Einweichwasser zum Kochen bringen und zugedeckt bei schwacher Hitze garen. Die Knoblauchzehen und den Ingwer schälen und hacken. 2 Eßlöffel Petersilie mit dem Knoblauch, dem Ingwer und den Gewürzen im Mörser fein zerstoßen und beiseite stellen. Die Zwiebel schälen und würfeln. Die Tomaten waschen oder nach Belieben häuten, den Stielansatz entfernen und die Tomaten grobhacken. Die Korinthen in einem Sieb unter fließendem Wasser waschen, gut abtropfen lassen und mit den Pinienkernen nach 15 Minuten Garzeit zum Reis geben. Den Reis ausquellen lassen (die Garzeit beträgt insgesamt 30–40 Minuten). Mit ½ Teelöffel Salz würzen und warm halten. Inzwischen die Gewürzmischung im Öl 5 Minuten braten, die Zwiebel und die Tomaten zufügen und bei schwacher Hitze weitere 10 Minuten braten. Diese Mischung behutsam unter die Bohnen heben, sobald diese weich sind. Den Reis ebenfalls zufügen. Den Pilaw bei schwacher Hitze noch 20 Minuten durchziehen lassen. Die restliche Petersilie über den angerichteten Bohnenpilaw streuen.

Das paßt dazu: als Beilage Endiviensalat; als Dessert Weintraubensülze (Rezept Seite 85)

Kichererbsen-Koteletts

400 g Kichererbsen · 1½ l Wasser · 2 Zwiebeln · 3 Knoblauchzehen · 1 Stück frische Ingwerwurzel · (etwa 50 g, ersatzweise 3 Teel. getrocknete, geriebene Ingwerwurzel) · 2 Teel. Korianderkörner · 5 Gewürznelken · 2 Teel. Kardamomkapseln oder gemahlener Kardamom · 10 Pimentkörner · ½ Teel. Kreuzkümmel, ersatzweise 1 Teel. Kümmel · 1 Stück Stangenzimt (etwa 3 cm) · je 1 Teel. gemahlener Macis und geriebene Muskatnuß · 1 Teel. Chilipulver · 2 grüne Peperoni · 1½ Teel. Meersalz · 3–4 Eßl. Buchweizenmehl · 5–6 Eßl. Öl · 1 Zitrone

Pro Portion etwa 2435 Joule/605 Kalorien
Zeit zum Einweichen: 10–12 Stunden
Zubereitungszeit: 2–2½ Stunden

Die Kichererbsen waschen und in dem Wasser 10–12 Stunden, am besten über Nacht, quellen lassen. Die Zwiebeln und die Knoblauchzehen schälen und 1 Zwiebel und 2 Knoblauchzehen grobhacken. Die frische Ingwerwurzel schälen und feinreiben. Die Kichererbsen mit der gehackten Zwiebel und dem gehackten Knoblauch und der Hälfte vom Ingwer im Einweichwasser zum Kochen bringen und zugedeckt bei schwacher Hitze in 1½–2 Stunden weich kochen. Inzwischen den Koriander, die Nelken, den Kardamom, den Piment, den Kreuzkümmel, den Zimt, den Macis, die Muskatnuß und das Chilipulver im Mörser zerstoßen. Die Peperoni waschen und kleinschneiden. Die zweite Zwiebel kleinwürfeln. Die weichen Kichererbsen durch die grobe

Geheimtip Nummer 1 aus der Gewürzküche ist der Mörser; denn frisch zerrieben entfalten die Gewürze ihr volles Aroma.

Scheibe des Fleischwolfes drehen und portionsweise im Mixer grob zerkleinern. Dabei eventuell übriggebliebene Kochbrühe oder etwas heißes Wasser zufügen. Die Gewürzmischung, die Peperoni, das Salz und die gewürfelte Zwiebel und so viel Buchweizenmehl zufügen, daß alle Flüssigkeit gebunden wird und ein formbarer Teig entsteht. 16 runde Plätzchen daraus formen und diese portionsweise im heißen Öl von jeder Seite in 7–8 Minuten knusprig braun braten. Die Zitrone waschen, abtrocknen, in Spalten schneiden und die Kichererbsen-Koteletts damit garnieren.

Das paßt dazu: als Beilage Selleriesalat (Rezept Seite 73); als Dessert Bananencreme (Rezept Seite 83)

Kichererbsen mit Joghurt

350 g Kichererbsen · 1½ l Wasser · 1 Teel. Kreuzkümmel oder Kümmel · 3 Nelken · 1 kleines Stück Stangenzimt · 1 Teel. Koriandersamen · 4 Knoblauchzehen · 2 Zwiebeln · 1 Teel. gemahlenes Curcuma (Gelbwurz) · 1 Teel. geriebene Ingwerwurzel · 1 Bund Frühlingszwiebeln mit dem Grün · 5 Eßl. geklärte Butter (siehe Tip Seite 78) oder Öl · 150 g Sanoghurt · ¼ l Gemüsebrühe · 1 Eßl. Zitronensaft · 1–2 Teel. Meersalz

Pro Portion etwa 2080 Joule/495 Kalorien
Zeit zum Einweichen: 10–12 Stunden
Zubereitungszeit: 2½ Stunden

Die Kichererbsen waschen und in dem Wasser 10–12 Stunden, am besten über Nacht, quellen lassen. Den Kreuzkümmel oder Kümmel zufügen und die Erbsen im Einweichwasser zugedeckt bei schwacher Hitze weich kochen. Inzwischen die Nelken, den Zimt und den Koriander in einer Gewürzmühle mahlen. Die Knoblauchzehen und die Zwiebeln schälen, feinhacken und mit den frisch gemahlenen Gewürzen, dem Curcuma und dem Ingwer im Mörser zu einer Paste zerstoßen. Die Gewürzmischung zugedeckt stehen lassen. Etwa 20 Minuten bevor die Kichererbsen weich werden, die Frühlingszwiebeln waschen, abtropfen lassen und kleinschneiden. Die Hälfte der gegarten Kichererbsen im Mixer grob pürieren oder durch den Fleischwolf drehen. Die geklärte Butter oder Öl in einem flachen Topf mit breitem Durchmesser erhitzen. Die Gewürzmischung aus dem Mörser und die Frühlingszwiebeln darin 5 Minuten unter Wenden anbraten. Die gesamten Kichererbsen, den Sanoghurt und die Gemüsebrühe zufügen und alles bei schwacher Hitze noch 20 Minuten kochen lassen. Den Zitronensaft unterrühren und mit dem Salz würzen.

Das paßt dazu: als Vorspeise Walnuß-Avocado (Rezept Seite 67); als Beilage Reisschrot-Backlinge (Rezept Seite 77)

Tip: Sanoghurt gibt es im Reformhaus zu kaufen. Es kann ebensogut ein Naturjoghurt ohne Bindemittel verwendet werden; dieser Joghurt hat eine dickflüssige Konsistenz.

Bohneneintopf aus Oberägypten

350 g rote Kidneybohnen · 1¼ l Wasser · 1 Eßl. Koriander · 2 Gemüsezwiebeln · 6 Knoblauchzehen · 2 Bund Dill oder entsprechend viel Koriandergrün · 250 g Mangoldblätter · 2 Teel. gemahlener Kreuzkümmel · 1 zerdrückte Chilischote · 2 Teel. Meersalz · 3 Stengel frische Minze oder Zitronenmelisse · 2 Eßl. Butter · 2 Eßl. Öl

Pro Portion etwa 1785 Joule/425 Kalorien
Zeit zum Einweichen: 8–12 Stunden
Zubereitungszeit: 1½–2 Stunden

Die Bohnen waschen und in dem Wasser 8–12 Stunden, am besten über Nacht, quellen lassen. Den Koriander in ein Mullsäckchen binden und zufügen. Die Zwiebeln und die Knoblauchzehen schälen. 1 Zwiebel und 3 Knoblauchzehen hacken und zu den Bohnen geben. Die Bohnen zugedeckt bei schwacher Hitze in 1–1½ Stunden weich kochen. Kurz bevor die Bohnen weich sind, den Dill oder das Koriandergrün waschen, trockenschleudern und feinhakken. Den Mangold waschen, gut abtropfen lassen und kleinschneiden. Das Mullsäckchen mit dem Koriander aus den weichen Bohnen entfernen und die Bohnen mit einem Kartoffelstampfer zerdrücken. Es soll ein noch etwas flüssiger Brei entstehen, gegebenenfalls noch etwas heißes Wasser zugießen. Die Kräuter, den Mangold, den Kreuzkümmel und die zerdrückte Chilischote zufügen. Den Bohnenbrei noch 5–10 Minuten bei schwacher Hitze köcheln lassen, bis er eine festere Konsistenz bekommen hat. Die Bohnen salzen und die Butter unterarbeiten. Die Minze oder Zitronenmelisse waschen, trockenschleudern, feinhacken und unter den Bohnenbrei rühren. Die zweite Gemüsezwiebel und den restlichen Knoblauch in Scheiben schneiden, im Öl goldgelb braten, die Hälfte davon unter den Eintopf rühren und den Rest auf die angerichteten Bohnen geben.

Das paßt dazu: als Vorspeise Tomatenplatte (Rezept Seite 71); als Beilage Salat aus gekeimtem Getreide (Rezept Seite 74); als Dessert gebackene Ananas (Rezept Seite 84)

Tip: Mangold gibt es nicht immer und überall. Statt dessen junge Weißkohl- oder Wirsingkohlblätter recht klein schneiden und 10–15 Minuten mitgaren. Zusätzlich mit ½ Teelöffel gemahlenem Fenchelsamen würzen.

Sojafritters in Joghurtsauce

Das typisch indische Gericht mit Joghurt und zahlreichen Gewürzen mag uns sehr fremdartig erscheinen. Die Zubereitung ist jedoch nicht schwierig, der Geschmack vermittelt viel von der Raffinesse der indischen Würzkunst, die Sojagerichte zu veredeln versteht.

Für die Fritters: 100 g Sojavollmehl · 100 g Weizenmehl der Type 1050 · ½ Teel. Meersalz · 1 Messerspitze Cayennepfeffer · 1 Ei · etwa 0,3 l kohlensäurehaltiges Mineralwasser · 350 g ungehärtetes Kokosfett

Für die Joghurtsauce: 2 grüne Peperoni · 250 g Sanoghurt · 0,3 l Buttermilch · 3 Eßl. Butter · 1 Eßl. Senfkörner · 1 Teel. unbehandelte abgeriebene Zitronenschale · 1 Messerspitze gemahlener Macis · 2 Teel. gemahlenes Curcuma (Gelbwurz) · ½ Teel. Meersalz · ½ Teel. Chilipulver

Pro Portion etwa 2265 Joule/540 Kalorien
Zubereitungszeit: 1 Stunde

Für die Fritters das Sojamehl mit dem Mehl, dem Salz und dem Cayennepfeffer in einer Schüssel mischen. Das Ei und nach und nach so viel Mineralwasser unterrühren, daß ein fester Teig entsteht. Den Teig 15 Minuten quellen lassen. Das Kokosfett in einer tiefen Pfanne erhitzen. Das Kokosfett hat die richtige Temperatur, wenn ein 1 cm großer Brotwürfel darin in etwa 60 Sekunden rundherum goldbraun wird. Die Hitze dann etwas reduzieren. Vom Teig mit einem Löffel etwa walnußgroße Bällchen abstechen und portionsweise im heißen Fett in 4 Minuten rundherum goldbraun fritieren. Nicht zu viele Bällchen auf einmal ins Fett geben. Sie sollen sich nicht berühren. Die Hitze möglichst konstant halten. Die Fritters mit dem Schaumlöffel aus dem Fett heben und auf Küchenkrepp abtropfen lassen.

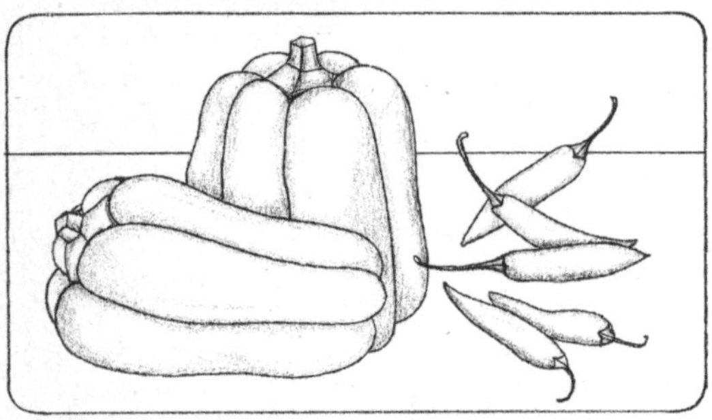

Paprika, Chili und Peperoni verleihen Hülsenfrüchten einen kräftigen Geschmack. Je stärker man würzt, um so herzhafter und feuriger schmecken die Gerichte.

Für die Sauce die Peperoni waschen und kleinschneiden. Den Joghurt mit der Buttermilch und den Teigresten in der Schüssel verrühren. Die Hälfte der Butter in einem Topf erhitzen und die Senfkörner, die abgeriebene Zitronenschale, den Macis, das Curcuma und die Peperoni darin unter Rühren 2 Minuten braten. Die Joghurt-Buttermilchmischung einrühren, das Salz zufügen und bei schwacher Hitze im offenen Topf 15 Minuten leise köcheln lassen. Die Sojafritters einlegen und weitere 15 Minuten im offenen Topf simmern lassen. Die Sauce dickt dabei etwas ein. Die Fritters in der Joghurtsauce in einer vorgewärmten Schüssel anrichten. Die restliche Butter zerlassen, das Chilipulver zufügen und die Butter auf die Fritters träufeln.

Das paßt dazu: als Beilage Soja-Chapatis (Rezept Seite 59); als Dessert Orangensalat mit Datteln und Feigen (Rezept Seite 83)

Tip: Statt Weizenmehl der Type 1050 kann man für den Teig auch Weizen mehlfein schroten und einen Teil der Kleie absieben. Die Kleie beispielsweise mit Getreideschrot für Grütze als Beilage mischen, in einer Gemüsesuppe mitgaren oder eßlöffelweise auf Frischkornmüsli streuen.

Gebäck aus Hülsenfrüchten

Sojamehl und Sojaschrot werden häufig von Bäckern dem Brotteig zugesetzt. Das Brot wird dadurch saftiger und sättigender, obwohl es weniger Kalorien hat als Brot aus reinem Mehlteig. Doch nicht nur aus Sojabohnen, auch aus anderen Hülsenfrüchten – gegart und püriert oder aus Erbsmehl – läßt sich interessantes Gebäck herstellen wie etwa die knusprigen Kichererbsenfladen oder die delikaten Bohnentörtchen. Freilich verhält sich ein Teig aus Hülsenfrüchten beim Backen anders als der aus Mehl. Er bildet keine lockere Krume und geht auch nicht hoch auf. Die Backwaren und Leckereien aus Hülsenfrüchten können, raffiniert gewürzt, ganz köstlich schmecken.

Kichererbsenfladen

1½ l Wasser · 400 g Kichererbsenmehl · 2 Teel. Kräutersalz · 2 Teel. gemahlener Kümmel · 5 Eßl. Öl · ½ Teel. grob gemahlener schwarzer Pfeffer oder Piment
Für das Backblech: Öl

Pro Portion etwa 1800 Joule/450 Kalorien
Zubereitungszeit: 45 Minuten

Das Wasser zum Kochen bringen und das Kichererbsenmehl unter Rühren mit dem Schneebesen zufügen. Auf schwache Hitze schalten und das Erbsmehl unter Rühren in etwa 15 Minuten ausquellen lassen. Es soll ein fester Brei entstehen. Den Backofen auf 200° vorheizen. Die Masse mit dem Kräutersalz und dem Kümmel würzen. Ein Backblech dünn mit Öl bestreichen. Den Kichererbsenbrei gleichmäßig auf das Backblech streichen und mit dem Öl beträufeln. Den Fladen auf einer Schiene über der Mitte in 20–25 Minuten goldbraun und kroß braten. Auf dem Blech in Rechtecke schneiden und mit dem Pfeffer oder dem Piment bestreuen. Warm servieren.

Tip: Kichererbsenmehl gibt es in Geschäften, die Balkanspezialitäten führen, und in Reformhäusern zu kaufen.

Variante: Fritierte Kichererbsenfladen
250 g Kichererbsenmehl in 1 l kochendes Wasser und 3 Eßlöffel Öl einstreuen, ausquellen lassen und mit Salz und Kümmel würzen. Die Masse auf eine kalt ausgespülte Servierplatte füllen, glattstreichen und auskühlen lassen. Das feste Püree dann auf eine Arbeitsplatte stürzen und in ½ cm dicke Streifen schneiden. In heißem Fett 3 Minuten goldgelb ausbacken, abtropfen lassen und mit frisch gemahlenem Pfeffer bestreut heiß servieren.

Soja-Chapatis

150 g Sojamehl · 150 g Weizenmehl der Type 1050 · ¼ Teel. Meersalz · etwa ½ l Wasser · 50 g Butter

Pro Portion etwa 1240 Joule/295 Kalorien
Zubereitungszeit: 30 Minuten

Das Sojamehl mit dem Weizenmehl und dem Salz mischen und nach und nach so viel Wasser unterkneten, daß ein fester Teig entsteht. Den Teig so lange kneten, bis er glatt und geschmeidig ist, zur Rolle formen und in 8 gleich große Stücke teilen. Die Teigportionen auf einer leicht bemehlten Arbeitsplatte kreisrund und dünn ausrollen. Eine beschichtete Bratpfanne ohne Fettzugabe gut heiß werden lassen und die Chapatis darin von beiden Seiten etwa 30 Sekunden backen. Dabei die Oberfläche jeweils mit einem sauberen Küchentuch leicht anpressen, bis die

Unterseite braune Stellen aufweist. Die fertigen Chapatis warm halten, bis alle gebacken sind. Zuletzt die Butter zerlassen und die Chapatis damit beträufeln.

Paßt gut zu: Gerichten aus Linsen und dunklen Bohnen.

Soja-Flachbrot

150 g Sojamehl · 150 g Buchweizenmehl · 1 Teel. Meersalz · 1 Eßl. mildes Paprikapulver · knapp ½ l kohlensäurehaltiges Mineralwasser · 5 Eßl. Öl · 50 g geriebener Emmentaler Käse
Für das Backblech: Öl

Pro Portion etwa 1785 Joule/425 Kalorien
Zubereitungszeit: 35 Minuten

Das Sojamehl mit dem Buchweizenmehl, dem Salz und dem Paprikapulver mischen und unter Rühren so viel Mineralwasser zugießen, daß ein fester Brei entsteht. Den Backofen auf 200° vorheizen. Ein Backblech dünn mit Öl einfetten. Das Öl und den geriebenen Käse unter den Teig arbeiten und die Masse gleichmäßig dünn auf das Backblech streichen. Das Flachbrot eine Schiene über der Mitte in etwa 20 Minuten goldbraun backen. Auf dem Blech in Rechtecke schneiden und diese auf einem Kuchengitter auskühlen lassen.

Tip: Das Flachbrot schmeckt auch warm gut und ergibt mit einer großen Schüssel grünem Salat und einem Fruchtdessert eine vollständige Mahlzeit.

Linsen-Frühlingstorte

100 g Hirse · 0,3 l Wasser · 1 Bund Frühlingszwiebeln · 50 g Brennesselspitzen oder Sauerampfer · 50 g Spinat · 4 Eßl. Öl · 400 g gegarte beliebige Linsen (etwa 160 g rohe Linsen) · 50 g Haferflocken · 150 g Magerquark · 2 Möhren · 2 Eßl. Zitronensaft · 50 g Haselnüsse · je 2 Teel. getrocknetes Basilikum und getrocknete Pfefferminzblätter · je 1 Messerspitze gemahlener Ingwer, gemahlener Macis und Piment · 2 Teel. Salz · ½ Bund Petersilie
Für die Form: 2 Teel. Öl

Pro Portion etwa 2160 Joule/510 Kalorien
Zubereitungszeit: 1½ Stunden

Die Hirse in einem Sieb erst kalt waschen und dann kochendheiß überbrühen. Das Wasser zum Kochen bringen, die Hirse hineinschütten und zugedeckt bei schwacher Hitze in etwa 20 Minuten garen. Inzwischen die Frühlingszwiebeln waschen und in Ringe schneiden. Die Brennesseln oder den Sauerampfer und den Spinat waschen, grobhacken und mit den Frühlingszwiebeln zusammen im Öl 5 Minuten dünsten. Die Linsen mit der gegarten Hirse, den Brennesseln oder dem Sauerampfer, dem Spinat und den Haferflocken in eine Schüssel geben. Den Backofen auf 180° vorheizen. Die Möhren unter fließendem Wasser gründlich bürsten, putzen und auf einer feinen Reibe in die Schüssel reiben. Den Zitronensaft zufügen. Die Haselnüsse grobhacken und darüberstreuen. Die getrockneten Kräuter, den Ingwer, den Macis, den Piment und das Salz zufügen. Die Petersilie waschen, trockenschleudern, feinwiegen und mit den Zutaten in der Schüssel sehr gründlich verrühren. Eine Springform von 24 cm Durchmesser mit dem Öl einfetten, die Masse einfüllen und auf der mittleren Schiene in 45–50 Minuten backen. Warm servieren.

Das paßt dazu: als Beilage Chicoréesalat mit Orangen (Rezept Seite 67); als Dessert Sanddorncreme (Rezept Seite 86)

Tip: Statt Hirse 125 g Weizenkörner 8–10 Stunden in Wasser quellen lassen und in ½ l Wasser weich kochen, durch den Fleischwolf drehen und wie im Rezept mit den übrigen Zutaten mischen. Die Linsentorte wird locker und saftig.

Bohnentörtchen

Sirup und Sahne in Verbindung mit weißen Bohnen! Das muß man ausprobieren, bevor man darüber urteilen kann. Bohnentörtchen sind noch warm genossen ein delikater Nachtisch, wenn das Hauptgericht leicht und wenig sättigend war wie beispielsweise eine Gemüsesuppe. Kalt schmecken sie gut zu Milchkaffee.

200 g gegarte weiße Bohnen · Saft und abgeriebene Schale von 1 unbehandelten Zitrone · ¼ Teel. Meersalz · 1 Messerspitze gemahlener Zimt · 2 Eßl. Rosinen · 2 Eier · 150 Rübensirup · 3–4 Eßl. Sahne · 2 Teel. Öl
Zum Bestreuen: 50 g gemahlene Haselnüsse
Für die Förmchen: Öl

Pro Portion etwa 2080 Joule/495 Kalorien
Zubereitungszeit: 50–60 Minuten

Die gegarten weißen Bohnen durch den Wolf drehen oder portionsweise im Mixer pürieren; dabei den Zitronensaft zufügen. Falls erforderlich etwas Wasser zugießen. Das Püree mit der abgeriebenen Zitronenschale, dem Salz und dem Zimt würzen. Die Rosinen waschen, abtropfen lassen und unter das Bohnenpüree rühren. Die Eier in Eigelbe und Eiweiße trennen. In einer Schüssel den Sirup mit den Eigelben verrühren. Wenn der Sirup sehr fest ist, die Schüssel dabei in ein heißes, aber nicht kochendes Wasserbad stellen. Die Bohnen eßlöffelweise unterarbeiten. So viel Sahne unterrühren, daß eine geschmeidige, jedoch keinesfalls flüssige Creme entsteht. Den Backofen auf 180° vorheizen. Die Eiweiße zu steifem Schnee schlagen und unter die Bohnencreme ziehen. Je nach Größe vier oder acht feuerfeste Förmchen mit Öl ausstreichen, die Bohnencreme einfüllen und auf einer Schiene über der Mitte in 35–40 Minuten goldgelb und knusprig backen. Die Törtchen aus den Förmchen stürzen, mit den gemahlenen Haselnüssen bestreuen. Warm oder abgekühlt servieren.

Teigtaschen mit Hülsenfruchtfüllung

Bild Seite 88

Für die Füllung gart man die Hülsenfrüchte am besten am Vortag. Man kann auch Reste von nicht zu stark gewürzten Hülsenfruchtgerichten verwenden wie beispielsweise Ackerbohnen in Sahnesauce oder Linsen auf russische Art (Rezepte Seite 30).

Zutaten für 4–6 Portionen:
Für den Teig: 350 g Weizenmehl der Type 1050 oder Weizenvollkornmehl, Kleie abgesiebt (siehe Tip Seite 58) · 1 Teel. Meersalz · 2 Teel. gemahlener Koriander · 125 g Butter · knapp ⅛ l kohlensäurehaltiges Mineralwasser
Für die Füllung: 1 kleine Zwiebel · 2 Knoblauchzehen · 1 Eßl. Butter · 1 getrocknete Peperone · 1 Teel. Kreuzkümmel · 250 g weichgekochte Hülsenfrüchte wie schwarze Bohnen, Kichererbsen oder Linsen (etwa 80 g rohe Hülsenfrüchte) · 1 Teel. Kräutersalz · ½ l Teel.

Meersalz · ¼ Teel. gemahlener Piment · 1 Bund Petersilie · 1 Eßl. frisch gehackte Minzblättchen oder 1 Teel. zerriebene getrocknete Minzblätter · 3 Eßl. Milch · 350 g ungehärtetes Kokosfett

Bei 4 Portionen pro Portion etwa 3255 Joule/ 755 Kalorien
Zubereitungszeit: 1½ Stunden

Für den Teig das Mehl in einer Schüssel mit dem Salz und dem Koriander mischen. Die Butter schmelzen lassen und auf das Mehl gießen. Das Mehl und die Butter zwischen den Handflächen zu feinen Krümeln reiben. Nach und nach das Mineralwasser zugeben und die Mischung zu einem festen, glatten Teig kneten. Den Teig mit einem feuchten Geschirrtuch bedeckt 30 Minuten bei Raumtemperatur ruhen lassen. Inzwischen für die Füllung die Zwiebel und den Knoblauch schälen und hacken. Die Butter in einer Pfanne erhitzen und die Zwiebel und den Knoblauch darin goldgelb braten; dann mit der zerdrückten getrockneten Peperone und dem Kreuzkümmel zu den Hülsenfrüchten geben. Die Mischung durch den Wolf drehen oder portionsweise im Mixer grob pürieren; dabei etwas Wasser zufügen. Das Püree mit dem Kräutersalz, dem Meersalz und dem Piment würzen. Die Petersilie waschen, trockenschleudern, feinhacken und mit der Minze unter die Hülsenfruchtfüllung rühren. Den Teig in 12 Portionen teilen und diese auf einer leicht bemehlten Arbeitsplatte zu Kreisen von etwa 12 cm Durchmesser ausrollen. Die Teigkreise mit einem scharfen Messer halbieren. Die Ränder mit etwas Milch bestreichen. Auf jeweils einer Hälfte der Teighalbmonde 1 Eßlöffel der abgekühlten Füllung geben. Die andere Hälfte darüberklappen und die Ränder mit den Zinken einer Gabel festdrücken. Das Kokosfett in einer tiefen Pfanne erhitzen. Es hat die richtige Temperatur, wenn man einen 1 cm großen Brotwürfel darin in etwa 30 Sekunden goldbraun braten kann. Die Hitze etwas reduzieren. Die gefüllten Teigtaschen nacheinander von jeder Seite in etwa 5 Minuten goldbraun ausbacken. Nicht mehr als 3 Taschen auf einmal fritieren. Das Fett jedesmal wieder auf die nötige Temperatur erhitzen. Die fertigen Teigtaschen auf Küchenkrepp abtropfen lassen und warm stellen.

Das paßt dazu: als Beilage ein beliebiger grüner Salat und ein Chutney; als Dessert Preiselbeerschaum (Rezept Seite 85) oder Brombeer-Charlotte (Rezept Seite 84)

Tip: Die Teigtaschen können auch kalt als »Partysnack« gereicht werden. Dafür den Teig in 16 Portionen teilen und Teigkreise von etwa 8 cm Durchmesser ausrollen.

Hülsenfruchtpastete

Zutaten für 4–6 Portionen:
Für den Teig: 300 g Weizenmehl der Type 1050 oder Weizenvollkornmehl, Kleie abgesiebt (siehe Tip Seite 58) · ¼ Teel. Meersalz · je ½ Teel. gemahlener Koriander und gemahlener Piment · 150 g gekühlte Butter · 6–8 Eßl. Schwedendickmilch
Für die Füllung: 150 g frische Pilze (Zuchtegerlinge oder würzige Wildpilze wie Hallimasch, Rotkappe, Tintling) · 1 Zwiebel · 1 Bund Frühlingszwiebeln · 2 Eßl. Butter · ½ Teel. gemahlener Rosmarin · 1 Teel. getrockneter Thymian · 350 g gegarte rote oder schwarze Bohnen oder Linsen (etwa 100 g rohe Hülsenfrüchte · etwa ½ l Gemüsebrühe · abgeriebene Schale von ½ unbehandelter Zitrone · 2 Eßl. Zitronensaft · 2 Teel. Meersalz · 1–2 Bund Petersilie · 200 g Créme fraîche
Für die Form: 1 Teel. Butter

Bei 6 Portionen pro Portion etwa 1920 Joule/ 460 Kalorien
Zubereitungszeit: 1½ Stunden

Das Mehl in einer Schüssel mit dem Salz, dem Koriander und dem Piment mischen. Die Butter in Flöckchen darauf verteilen, locker mit den Fingerspitzen mit dem Mehl mischen und dann rasch verkneten. Dabei so viel Schwedenmilch zugießen, bis ein weicher, glatter Mürbeteig entsteht. Den Teig zugedeckt 30 Minuten bei Raumtemperatur ruhen lassen. Inzwischen die Pilze putzen, waschen und blättrig schneiden. Die Zwiebel schälen und würfeln. Die Frühlingszwiebeln waschen und mit dem Grün in Ringe schneiden. Die Butter in einem flachen Topf mit breitem Durchmesser zerlassen, die gesamten Zwiebeln unter Wenden darin goldgelb braten und den Rosmarin und den Thymian zugeben. Die gekochten Bohnen oder Linsen, die Pilze und so viel Brühe zufügen, daß das Gericht die Konsistenz eines dicken Eintopfs erhält. Die Bohnen oder Linsen mit der abgeriebenen Zitronenschale, dem Zitronensaft und dem Salz würzen und 5 Minuten bei schwacher Hitze kochen lassen. Die Petersilie waschen, trockenschleudern, feinhacken, unter die Hülsenfrüchte rühren und diese abkühlen lassen. Den Backofen auf 200° vorheizen. Eine Springform von 24 cm Durchmesser mit etwas Butter einfetten. ⅔ des Teiges rund ausrollen, den Boden der Springform damit belegen und einen 2 cm hohen Rand formen. Die Hülsenfrüchte einfüllen. Aus dem restlichen Teig in Größe der Form einen Pastetendeckel ausrollen, auf die Hülsenfrüchte legen und die Teigränder fest zusammendrücken. In die Mitte vom Teigdeckel ein Loch schneiden, durch das der Dampf während des Backens abziehen kann. Die Pastete 45–50 Minuten eine Schiene unter der Mitte im Backofen goldgelb und knusprig backen. Die Pastete 5 Minuten stehen lassen und dann vorsichtig den Springformrand abnehmen. Die Pastete auf eine Platte stellen – notfalls auch auf dem Springformboden – mit einem scharfen Sägemesser den Pastetendeckel abschneiden. Die Crème fraîche auf der Füllung verteilen, den Deckel wieder auflegen und die Pastete möglichst heiß servieren.

Das paßt dazu: als Beilage reichlich grüner oder gemischter Salat; als Dessert Zitronencreme (Rezept Seite 90)

Tip: Statt Pilzen 250 g gewaschene, von Keimansätzen befreite, gehobelte Kartoffeln mit den Hülsenfrüchten mischen und 5 Minuten mitkochen lassen. Die Pastetenfüllung dann statt mit Rosmarin und Thymian mit Bohnenkraut und Majoran würzen.

Überbackene Linsenhappen

300 g beliebige Linsen · 1¼ l Wasser · 2–3 Blätter frischer Liebstöckel oder 1 Teel. getrockneter Liebstöckel · 1 Stück unbehandelte Zitronenschale · 1 Eßl. gekörnte Gemüsebrühe · 1 Teel. Kräutersalz · 1 Prise Cayennepfeffer · 2–3 Eßl. Zitronensaft · 4 Eßl. Sahne · 1–2 Eßl. Butter · 8 Scheiben Weizenvollkornbrot, Grahambrot oder Vollkorntoast · 8 dünne Scheiben Greyerzer, (Gruyère) oder Emmentaler Käse in der Größe der Brotscheiben · 2–3 Tomaten
Für das Backblech: 1 Teel. Öl

Pro Portion etwa 3065 Joule/730 Kalorien
Zeit zum Einweichen: 2 Stunden
Zubereitungszeit: 1 Stunde

Die Linsen waschen und in dem Wasser 2 Stunden quellen lassen. Den Liebstöckel und die Zitronenschale zufügen und die Linsen zugedeckt bei schwacher Hitze 30 Minuten kochen lassen. Die Zitronenschale entfernen und die Linsen mit der gekörnten Gemüsebrühe, dem Kräutersalz, dem Cayennepfeffer und dem Zitronensaft würzen. Die Sahne unterrühren und die Linsen noch 10 Minuten köcheln lassen. ½ Eßlöffel Butter erhitzen und die Brotscheiben nacheinander darin von beiden Seiten goldbraun braten. Dabei immer wieder etwas frische Butter in der Pfanne schmelzen lassen. Den Backofen auf 220° vorheizen. Den Linsenbrei auf die Brote streichen. Jedes Brot mit 1 Scheibe Käse bedecken und diagonal durchschneiden. Die Tomaten waschen, abtrocknen, in Scheiben schneiden und jeweils 2 Tomatenscheiben auf eine Brotscheibe legen. Die Linsenhappen auf einem mit Öl eingefettetem Backblech eine Schiene über der Mitte 10–15 Minuten im Backofen überbacken, bis der Käse geschmolzen ist. Heiß servieren!

Das paßt dazu: als Beilage Rapunzelsalat (Rezept Seite 68); als Dessert Brombeer-Charlotte ohne Sahne (Rezept Seite 84)

Fritierte Kichererbsenbällchen

Sie werden im ganzen Vorderen Orient geliebt und wie bei uns die heißen Würstchen auf den Straßen feilgeboten. Reichen Sie sie einmal als Partysnack statt der sonst üblichen gebratenen Fleischbällchen. Sie werden sicher viel Lob dafür ernten. Für die hier beschriebene Version wird ein elektrischer Mixer benötigt. Wenn ein solcher nicht vorhanden ist, müssen die Kichererbsen zuvor weichgekocht und anschließend durch den Fleischwolf gedreht werden.

300 g Kichererbsen · ¾ l Wasser · 1 altbackenes Vollkornbrötchen · 3 Zwiebeln · je 1 Bund Dill, Petersilie und Schnittlauch · 2 Teel. frische oder 1 Teel. getrocknete Pfefferminzblätter · 2 Eßl. Weizenvollkornmehl · 2 Eßl. gemahlener Koriander · 1 Eßl. gemahlener Kreuzkümmel oder Kümmel · 2 Messerspitzen Cayennepfeffer · 2–3 Teel. Kräutersalz · 3 Eßl. Sesamkörner · ½ l Öl

Pro Portion etwa 1870 Joule/445 Kalorien
Zeit zum Einweichen: 24 Stunden
Zubereitungszeit: 1¾ Stunden

Die Kichererbsen waschen und in dem Wasser 24 Stunden quellen lassen. Am Tag der Zubereitung das Brötchen in Wasser einweichen. Die Kichererbsen portionsweise im Mixer pürieren. Die Zwiebeln schälen und in sehr kleine Würfel schneiden. Die Kräuter waschen, trockenschleudern und feinschneiden. Das Kichererbsenpüree mit dem Mehl, den Zwiebeln, den Kräutern, dem Koriander, dem Kümmel, dem Cayennepfeffer und dem gut ausgedrückten Brötchen mischen und mit dem Kräutersalz abschmecken. Die Masse 1 Stunde ruhen lassen. Mit nassen Händen 2–3 cm große Bällchen daraus formen und diese in den Sesamkörnern wälzen. Das Öl in einer Friteuse oder in einem Topf auf 200° erhitzen. Es hat die richtige Temperatur, wenn ein etwa 1 cm großer Brotwürfel darin in etwa 30 Se-

Beim Backen in der Friteuse muß das Fritiergut stets genügend Platz haben, damit es frei schwimmend ausgebacken werden kann.

kunden rundherum goldbraun wird. Die Kichererbsenbällchen portionsweise im heißen Öl rundherum in etwa 3 Minuten goldbraun fritieren und auf saugfähigem Papier abtropfen lassen.

Das paßt dazu: als Beilage Fellachensalat (Rezept Seite 71), Tahin (Sesampaste) und hartgekochte geviertelte Eier.

Frühlingsrolle mit Sojasprossen

Für den Teig: 200 g mehlfein gemahlener Weizen · 1 Messerspitze Meersalz · knapp 1 Tasse lauwarmes Wasser · 3 Eßl. Öl
Für die Füllung: 2 Möhren · 1 Bund Petersilie · einige Zweige würzige Gartenkräuter wie Thymian, Basilikum, Bohnenkraut · frisches Zwiebelgrün oder 1 Bund Schnittlauch · 50 g Haselnüsse · 250 g bereits gegarte Mungobohnen · 2 Teel. Kräutersalz · 1 Teel. Currypulver · 1 Eßl. Zitronensaft · 2 Eßl. Tamari (dunkle Sojasauce) · 2 Handvoll Sojasprossen
Zum Bestreichen: 2 Eßl. Butter
Für das Backblech: 1 Teel. Butter

Pro Portion etwa 2080 Joule/495 Kalorien
Zubereitungszeit: 1¾ Stunden

Für den Teig vom Mehl etwa 50 g Kleie absieben (siehe Tip Seite 58). Das Mehl mit dem Salz mischen und mit dem Wasser und dem Öl in 15–20 Minuten zu einem geschmeidigen, glatten Teig verkneten. Je länger der Teig geknetet wird, desto besser läßt er sich später ausrollen. Eine Kugel daraus formen und unter einer angewärmten Schüssel 1 Stunde ruhen lassen. Wenn der Teig etwa 40 Minuten geruht hat, für die Füllung die Möhren unter fließendem Wasser gründlich bürsten, putzen und grobraspeln. Die Kräuter und das Zwiebelgrün waschen, trockenschleudern und kleinschneiden. Die Haselnüsse grobhacken. Die Mungobohnen, die Möhren, die Kräuter und die Nüsse mischen, mit dem Kräutersalz, dem Curry, dem Zitronensaft und dem Tamari würzen und die Sojasprossen unterheben. Den Teig nochmals durchkneten und auf einem schwach bemehlten Tuch hauchdünn zu einem Rechteck ausrollen. Den Backofen auf 180° vorheizen. Ein Backblech mit etwas Butter einfetten. Die Füllung auf eine Hälfte der Teigplatte geben, dabei darauf achten, daß ein freier Teigrand von etwa 2 cm bleibt. Die andere Teighälfte darüberklappen und die Teigränder festdrücken. Die Butter schmelzen lassen. Die Frühlingsrolle auf das Kuchenblech legen, dick mit der geschmolzenen Butter bestreichen und auf der mittleren Schiene 20–30 Minuten im Backofen goldbraun backen.

Das paßt dazu: als Beilage Kopfsalat oder Endiviensalat; als Dessert Sanddorncreme (Rezept Seite 86) oder Zitronencreme (Rezept Seite 90)

Tip: Der Teig kann auch in 4 Rechtecke geschnitten und gefüllt werden. Die kleinen Frühlingsrollen können in etwa 180° heißem Kokosfett rundherum in 10 Minuten fritiert werden.

Indische Kichererbsenkugeln

150 g Mandelmus · 200 g Kichererbsenmehl · 100 g Honig · ½ Teel. Zimtpulver · ¼ Teel. Meersalz · je 1 Eßl. gehackte Mandeln und gehackte ungesalzene Pistazien oder Cashewnüsse · 3 gehäufte Eßl. Kokosraspeln

Bei 20 Kugeln pro Kugel etwa: 505 Joule/120 Kalorien
Zubereitungszeit: 30 Minuten

Das Mandelmus bei schwacher Hitze unter Rühren weich werden lassen. Das Kichererbsenmehl zufügen und gründlich unterrühren. Die Mischung bei schwacher Hitze langsam weiterrühren, bis sie angenehm zu duften beginnt. Das dauert etwa 10 Minuten. Die Masse dann etwas abkühlen lassen. Den Honig, den Zimt, das Salz und die Mandeln, Pistazien und Nüsse unterrühren. Mit nassen Händen aus dem Teig etwa 20 Kugeln formen und diese in den Kokosraspeln wenden. Die Kichererbsenkugeln können wie Konfekt beispielsweise am Ende eines vegetarischen Menüs gereicht werden. In einer verschlossenen Blechdose kühl aufbewahrt halten sie sich etwa 2 Wochen lang frisch.

Variante: Kichererbsenkugeln mit Rosinen
200 g Kichererbsen in ½ l Wasser 24 Stunden einweichen und anschließend weich kochen. Die Erbsen dann in einer Schüssel mit ⅛ l heißer Milch, 3 Eßlöffeln gewaschenen, abgetrockneten Rosinen, 1 Teelöffel gemahlenem Kardamomkapseln, je ¼ Teelöffel Ingwerpulver und gemahlenem Piment und 3 Eßlöffel Honig mischen und durch die feinste Scheibe des Fleischwolfes drehen. Aus dem festen Püree mit nassen Händen 20 Kugeln formen und in Kokosraspeln wälzen. Die Kichererbsenkugeln dann auf einer Platte 24 Stunden trocknen lassen.

Sojakonfekt

Bild auf dem Einband

Es schmeckt wie Karamelbonbons, hat aber nicht deren klebrige Konsistenz, sondern eher die von Rohmarzipan. Dieses Konfekt ist mit Sicherheit weniger schädlich für die Zähne als echte Karamelbonbons. Doch wie von allen süßen Schleckereien sollte man nicht zu viel auf einmal davon essen.

150 g Honig · 125 g Butter · 125 g Sojamehl · 1 Messerspitze gemahlener Zimt oder gemahlener Macis · 1 Messerspitze Ingwerpulver · 3 Eßl. Sesamkörner oder geriebene Mandeln
Für den Teller: Öl

Bei 50 Kugeln etwa 210 Joule/50 Kalorien
Zubereitungszeit: 30 Minuten

Den Honig in einem Topf bei schwacher Hitze zerlassen. Die Butter in einem anderen Topf zerlassen, jedoch nicht bräunen lassen. Das Sojamehl eßlöffelweise unter den Honig rühren, mit dem Zimt, dem Macis und dem Ingwer würzen und das Ganze zu einem glatten, goldgelben Kloß abrühren. Die zerlassene Butter unterrühren und die Mischung im offenen Topf etwa 20 Minuten leise köcheln lassen. Dabei öfter umrühren. Wenn die Masse dunkelkaramelfarben und dick geworden ist und sich große Blasen bilden, den Topf von der Herdplatte nehmen. Einen großen flachen Teller ganz dünn mit Öl einfetten. Die Karamelmasse gleichmäßig daraufstreichen, etwas abkühlen lassen und in etwa 3 cm lange Quadrate schneiden. Die Quadrate zwischen den Handflächen zu Kugeln rollen – sie sehen aus wie Marzipankartoffeln. Den Sesam ohne Fettzugabe goldgelb rösten. Dabei häufig umrühren und die Kugeln dann in Sesam oder in den geriebenen Mandeln wälzen.

Tip: Das Konfekt zum Aufbewahren nebeneinander lagenweise in eine Blechdose schichten. Jede Lage mit einem Stück Pergamentpapier bedecken, damit die Kugeln nicht aneinanderkleben. In der verschlossenen Dose läßt sich das Konfekt im Kühlschrank etwa 2 Wochen aufbewahren.

Vorspeisen und Salate

Rohkost sollte es in irgendeiner Form zu jeder Mahlzeit geben. Am besten ist es, die Mahlzeit damit zu beginnen. Vitaminreiche Nahrung ist die beste Unterlage für gegarte Speisen. Rohkost regt den Stoffwechsel an und belebt den ganzen Organismus. Auch wenn ein Salat als Beilage gedacht ist, sollten wir uns angewöhnen, wenigstens einen Teil davon vor dem Hauptgericht zu essen, wenn es sonst keine Vorspeise aus rohem Obst oder Gemüse gibt. Eine gut abgeschmeckte Salatsauce, die Distelöl oder Keimöl enthält, erhöht den Rohkostgenuß. Außerdem führen wir unserem Körper damit für die Gesundheit wichtige mehrfach ungesättigte Fettsäuren zu. Doch kann die Rohkost, wenn es schnell gehen muß, auch ohne jede andere Zutat verzehrt werden. Das wertvolle kaltgepreßte Öl gibt man dann an das fertige Getreide- oder Kartoffelgericht. Verwenden Sie am besten biologisch angebautes Gemüse für Ihren Salat und richten Sie sich nach dem jahreszeitlich bedingten Angebot. In den Wintermonaten wird man kaum biologisch gezogene Tomaten oder Kopfsalat bekommen, im Frühsommer vergeblich nach Roten Beten suchen. Aber Sie haben eine gewisse Qualitätsgarantie: Sie erwerben Gemüse, das gerade geerntet oder das wie Wurzelgemüse und Kohl in den Wintermonaten gut gelagert wurde.

Walnuß-Avocado

2 reife Avocados · 2 Eßl. Zitronensaft · 1 kleine Zwiebel · 100 g Walnußkerne · 2 Teel. Apfeldicksaft · ½ Teel. Meersalz · 1 Messerspitze gemahlener Piment · 1 Bund Dill oder Petersilie

Pro Portion etwa: 1660 Joule/395 Kalorien
Zubereitungszeit: 35 Minuten

Die Avocados waschen, abtrocknen, längs halbieren und die Steine herausnehmen. Die Avocadohälften bis auf einen ½ cm breiten Fruchtfleischrand aushöhlen. Das Avocadofleisch mit dem Zitronensaft beträufeln und mit der Gabel zerdrücken. Die Zwiebel schälen und kleinwürfeln. Die Walnußkerne mahlen oder feinhacken und mit den Zwiebelwürfeln, dem Apfeldicksaft, dem Salz, dem Piment und mit dem Avocadofleisch verrühren. Den Dill oder die Petersilie waschen, trockenschleudern, feinhacken und unter die Avocadomischung rühren. Die Avocadohälften damit füllen und vor dem Servieren 15 Minuten durchziehen lassen.

Chicoréesalat mit Orangen

Dieser Salat ist preiswert, rasch zubereitet und erfreut sich großer Beliebtheit. Statt Orangenspalten kann er auch mit Apfelscheiben, Mandarinen oder Weinbeeren zubereitet werden. Die fruchtige Süße vom Obst bildet eine gute Ergänzung zum zart-bitteren Chicorée.

⅛ l Schwedendickmilch oder Sanoghurt (Reformhaus) · Saft von ½ Orange · 2 Eßl. Zitronensaft · 1 Teel. Honig · ½ Teel. Kräutersalz · 1 Prise geriebene Ingwerwurzel · 1 Messerspitze gemahlener Piment · 375 g Chicorée · 1–2 Orangen · 1 Banane · 2 Eßl. Pinienkerne oder gehackte Haselnüsse

Pro Portion etwa: 695 Joule/165 Kalorien
Zubereitungszeit: 15 Minuten

Die Schwedenmilch oder das Sanoghurt mit dem Orangensaft, dem Zitronensaft, dem Honig, dem Kräutersalz, dem Ingwer und dem Piment verrühren. Den Chicorée waschen, putzen, längs halbieren oder vierteln, und in nicht zu kleine

Mit ein wenig Sorgfalt gelingt der Polenta-Auflauf mit Azukibohnen leichter, als man denkt. Rezept Seite 40.

Stücke schneiden. Die Orangen schälen, die weiße Haut sorgfältig entfernen. Die Orangen in Spalten zerteilen und diese kleinschneiden, dabei die Kerne entfernen. Die Orangen zum Chicorée geben. Die Banane schälen und in Scheiben schneiden. Das Obst mit dem Chicorée mischen. Die Salatsauce daraufgießen und unterheben. Den Salat anrichten und mit den Pinienkernen oder gehackten Haselnüssen bestreut sofort servieren.

Fenchelsalat mit Nußsauce

3 Eßl. Haselnußmus oder Mandelmus · 3 Eßl. Sahne · 2 Teel. Ahornsirup · 1 Teel. Kräutersalz · 2 Eßl. Zitronensaft · 2–3 Fenchelknollen (etwa 600 g) · 2 hartgekochte Eier · ½ Bund Petersilie

Pro Portion etwa: 1070 Joule/255 Kalorien
Zubereitungszeit: 15 Minuten

Das Haselnuß- oder Mandelmus mit der Sahne, dem Ahornsirup, dem Kräutersalz und dem Zitronensaft verrühren. Von den Fenchelknollen die Stiele abschneiden, zartes Blattgrün aufbewahren. Die äußeren Blätter der Fenchelknollen schälen. Die Schalen und Stiele nicht wegwerfen, sondern für eine Gemüsebrühe aufbewahren. Die Knollen vierteln und in Scheiben schneiden. Die Eier schälen und würfeln. Die Petersilie und das Fenchelgrün waschen, trockenschleudern, feinhacken und mit den gewürfelten Eiern mit dem Fenchel locker mischen. Die Nußsauce darübergießen und vorsichtig unterheben.

Variante: Fenchelsalat mit Rapunzel
2 Fenchelknollen wie im Rezept beschrieben putzen, kleinschneiden und mit 100 g verlesenem, gewaschenen Rapunzelsalat (Feldsalat), gewaschener kleingeschnittener Kresse von 1 Kästchen und dem feingehackten Fenchelgrün mischen. Aus 1 kleinen gewürfelten Zwiebel, 3 Eßlöffeln Apfelessig, 1 Teelöffel Honig, ¾ Teelöffeln Kräutersalz, ¼ Teelöffel Senfpulver und 3 Eßlöffeln Distelöl oder Sesamöl eine Sauce bereiten, über den Fenchelsalat gießen und vorsichtig unterheben.

Rapunzelsalat

300 g Rapunzelsalat (Feldsalat) · 1 kleine Zwiebel · 2 Eßl. Zitronensaft · 2 Teel. Honig · 1 Messerspitze geriebene Ingwerwurzel · ¼ Teel. Senfpulver · 1 Eßl. frischgeriebener Meerrettich · ½ Teel. Meersalz · 4 Eßl. Distelöl oder Keimöl · ½ Bund Petersilie

Pro Portion etwa: 505 Joule/120 Kalorien
Zubereitungszeit: 20 Minuten

Den Rapunzelsalat verlesen, waschen, die Wurzelenden abschneiden und den Salat trockenschleudern. Die Blattrosetten bei jungem Rapunzel ganz lassen. Sind die Büschel größer, teilt man sie ein- oder zweimal. Die Zwiebel schälen, sehr klein würfeln und mit dem Zitronensaft, dem Honig, dem Ingwer, dem Senfpulver, dem Meerrettich, dem Salz und dem Öl verrühren. Die Petersilie waschen, trockenschleudern, feinhacken und auf den Rapunzelsalat streuen. Die Salatsauce darübergießen, behutsam unterheben und den Salat sofort servieren.

Variante: Spinatsalat
300 g jungen Spinat verlesen, waschen und trockenschleudern. Die Salatschüssel mit ½ Knoblauchzehe ausreiben und den Salat mit einer Sauce aus Zitronensaft, Honig und Salz, je 1 Messerspitze gemahlenem Macis und Piment, Öl und reichlich gehackter Petersilie anmachen.

Mit dieser herzhaften Spezialität kann man seine Gäste überraschen. Pilaw mit Azukibohnen. Rezept Seite 55.

Fellachensalat

4 Fleischtomaten · 2 grüne Peperoni · 1 Gemüsezwiebel · 2 Knoblauchzehen · ¼ Teel. Meersalz · ½ Teel. Kräutersalz · 2 Eßl. Apfelessig · 3 Eßl. Distelöl · je 1 Bund Schnittlauch und Petersilie · 150 g Schafkäse · 50 g schwarze Oliven

Pro Portion etwa: 1175 Joule/280 Kalorien
Zubereitungszeit: 15 Minuten

Die Tomaten waschen, nach Belieben häuten und in Scheiben schneiden, dabei den Stielansatz entfernen. Die Peperoni waschen und in feine Ringe schneiden. Die Zwiebel schälen und in dünne Scheiben schneiden. Den Knoblauch schälen, hacken, mit dem Meersalz bestreuen und zerdrücken. Die Zutaten locker miteinander mischen, jedoch einige Zwiebelringe zurückbehalten. Das Kräutersalz mit dem Apfelessig und dem Öl verrühren. Die Kräuter waschen, trokkenschleudern, feinhacken und auf das zerkleinerte Gemüse streuen. Die Salatsauce darübergießen und behutsam unterheben. Den Schafkäse in Stücke schneiden, mit den Oliven auf dem Salat verteilen und den Salat mit den zurückbehaltenen Zwiebelringen garnieren.

Tomatenplatte

1 kleiner Kopfsalat · 600 g feste reife Tomaten · 1 Bund Frühlingszwiebeln, ersatzweise 2 Zwiebeln · 3 Eßl. Apfelessig · 2 Teel. Apfeldicksaft · 1 Teel. Kräutersalz · ¼ Teel. gemahlener Piment · 4 Eßl. Distelöl oder Keimöl · 1 Eßl. Kapern

Pro Portion etwa: 545 Joule/130 Kalorien
Zubereitungszeit: 15 Minuten

Den Salat in Blätter zerlegen, waschen, trockenschleudern und eine Platte damit belegen. Die Tomaten waschen, abtrocknen und in Scheiben schneiden oder achteln; dabei die Stielansätze entfernen. Die Tomaten auf der Platte anrichten. Die Frühlingszwiebeln waschen, abtropfen lassen, mit dem Zwiebelgrün in dünne Scheiben schneiden und auf die Tomaten streuen. Aus dem Apfelessig, dem Apfeldicksaft, dem Kräutersalz, dem Piment und dem Öl eine Salatsauce rühren und gleichmäßig über die Tomaten gießen. Die Kapern grobhacken und den Salat damit bestreuen.

Möhrenrohkost mit Kresse

2 Eßl. Zitronensaft · ½ Teel. Meersalz · 2 Teel. Honig · 1 Messerspitze geriebene Ingwerwurzel · 1 Messerspitze gemahlener Piment · 1 Messerspitze gemahlener Anis · 1 Eßl. Distelöl · ½ Tasse Schwedendickmilch · 500 g Möhren · 2 Eßl. gehackte Haselnüsse · 50 g Garten- oder Brunnenkresse

Pro Portion etwa: 590 Joule/140 Kalorien
Zubereitungszeit: 20 Minuten

Den Zitronensaft mit dem Salz, dem Honig, dem Ingwer, dem Piment und dem Anis verrühren und unter Rühren das Öl und die Schwedendickmilch zufügen. Die Möhren unter fließendem Wasser gründlich bürsten, putzen und nur wenn nötig dünn schälen. Sonst ungeschält sehr fein reiben und mit den Haselnüssen mischen. Die Kresse waschen, vom Beet schneiden, Brunnenkresse kleinschneiden. Die geriebenen Möhren auf einer Platte anrichten und mit der Kresse umkränzen. Die Salatsauce gesondert dazu reichen, so daß jeder sich seinen Salat selbst damit anmachen kann.

Variante: Möhren-Apfel-Rohkost
Aus 2 Eßlöffeln Zitronensaft, ½ Teelöffel Meersalz, 1 Eßlöffel Apfeldicksaft und 3 Eßlöffeln Distelöl oder Keimöl eine Salatsauce rühren.
2–3 gut gewaschene Äpfel wie Klaräpfel, Gravensteiner oder Boskop mit der Schale auf einer groben Reibe in die Sauce raffeln. Die gewaschenen Möhren feinreiben und unterrühren. Einige Blätter gehackte frische Minze oder ½ Bund gehackte Petersilie unterrühren. Nach Belieben mit grobgehackten Walnußkernen bestreuen.

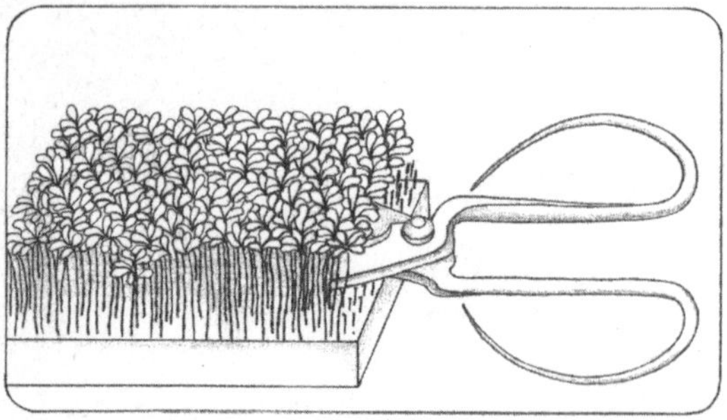

Die Kresse wird gewaschen und frisch vom Beet geschnitten. Dann verleiht sie den Speisen eine duftige und zarte Note.

Variante: Rote-Bete-Rohkost
Aus 2 Eßlöffeln Apfelessig, 1 Eßlöffel geriebenem Meerrettich, 1 Teelöffel Kräutersalz, je 1 Messerspitze geriebener Ingwerwurzel und gemahlenem Kümmel, ½ Teelöffel gemahlenem Koriander, 2 Teelöffeln Apfeldicksaft, 5 Eßlöffeln Distelöl oder Keimöl und 1 kleinen feingehackten Zwiebel eine Salatsauce rühren. 500 g Rote-Bete waschen, wenn nötig dünn schälen, sehr fein in die Sauce reiben und alles gründlich aber behutsam mischen.

Waldorfsalat

3 Eßl. Mayonnaise · 3 Eßl. saure Sahne · 1 Eßl. Zitronensaft · 1 Eßl. Apfeldicksaft · 1 Teel. Selleriesalz · 100 g Walnußkerne · 1 Sellerieknolle (etwa 300 g) · 2 säuerliche Äpfel

Pro Portion etwa: 1850 Joule/440 Kalorien
Zubereitungszeit: 20 Minuten

Die Mayonnaise mit der sauren Sahne, dem Zitronensaft, dem Apfeldicksaft und dem Selleriesalz verrühren. Die Walnüsse grobhacken. Einige Walnußkernhälften unzerkleinert zurückbehalten. Den Sellerie waschen und dünn schälen; die Schale für eine Gemüsebrühe aufbewahren. Die Sellerieknolle vierteln und die Viertel in streichholzdünne Stifte schneiden. Die Äpfel waschen, abtrocknen, vierteln und die Kerngehäuse entfernen. Die Apfelviertel ebenfalls in streichholzdünne Stifte schneiden und mit den gehackten Nüssen und dem Sellerie unter die Salatsauce heben. Den Waldorfsalat anrichten und mit den Walnußkernhälften garnieren.

Topinambursalat

Das wenig bekannte Knollengemüse stammt von einer Sonnenblumenart. Topinambur erinnert in der Form an frische Ingwerwurzel. Man bekommt die Knollen in Naturkostläden von Dezember bis Februar angeboten. Roh schmecken sie nach frischer Kokosnuß, gekocht erinnern sie etwas an Artischocken. Das Gemüse ist besonders für Zuckerkranke geeignet.

1 Eßl. Zitronensaft · 2 Eßl. Orangensaft · 3 Eßl. Sahne · ½ Teel. Meersalz · 1 Teel. Honig · 1 Messerspitze gemahlener Macis · 1 kleine

Prise Cayennepfeffer · 2 Eßl. Distelöl oder Keimöl · 500 g Topinambur · 1 kleiner Endiviensalat · 1 Bund Schnittlauch · ½ Bund Petersilie · 2 Eßl. Sonnenblumenkerne

Pro Portion etwa: 900 Joule/215 Kalorien
Zubereitungszeit: 20 Minuten

Aus dem Zitronensaft, dem Orangensaft, der Sahne, dem Salz, dem Honig, dem Macis, dem Cayennepfeffer und dem Öl eine Salatsauce rühren. Die Topinamburs unter fließendem Wasser sehr gründlich bürsten, schwarze Stellen abschneiden, große Knollen halbieren oder vierteln und feinhobeln. Den Endiviensalat waschen, trockenschleudern, das Stielende kürzen und den Salat in dünne Streifen schneiden. Die Petersilie und den Schnittlauch waschen, trockenschleudern und feinhacken und mit den Topinamburscheiben und dem Endiviensalat mischen. Die Salatsauce darübergießen und behutsam unterheben.

Selleriesalat

⅛ l Schwedendickmilch oder Sanoghurt · 2 Eßlöffel Zitronensaft · 1 Teel. getrocknetes Liebstöckel · ½ Teel. getrockneter Majoran · 1 Messerspitze gemahlener Piment · 1 Teel. Kräutersalz · 2 Eßl. Distelöl oder Keimöl · 1 Stange Lauch/Porree · 1 Sellerieknolle (etwa 300 g) · 2 Möhren · 1 Bund Petersilie

Pro Portion etwa: 485 Joule/115 Kalorien
Zubereitungszeit: 20 Minuten

Die Schwedendickmilch oder den Sanoghurt mit dem Zitronensaft, dem Liebstöckel, dem Majoran, dem Piment, dem Kräutersalz und dem Öl verrühren. Vom Lauch schlechte Blätter entfernen. Die Lauchstange aufschlitzen und unter fließendem Wasser gründlich waschen. Die dunkelgrünen Blätter abschneiden und für eine Brühe aufbewahren. Das übrige weiße Ende nochmals längs halbieren, in ganz feine Streifen schneiden und in die Salatsauce geben. Den Sellerie und die Möhren unter fließendem Wasser gründlich bürsten und ungeschält auf einer feinen Reibe auf den Lauch reiben. Die Petersilie waschen, trockenschleudern, feinhacken, zu den übrigen Zutaten geben und alles behutsam mit der Sauce mischen.

Sauerkrautsalat

350 g rohes Sauerkraut · 1 Zwiebel · 2 grüne Paprikaschoten · ½ Bund Petersilie · 1 Eßl. frischer, geriebener Meerrettich · 2 Eßl. Distelöl oder Keimöl · ½ Tasse saure Sahne · ½ Teel. getrockneter Majoran

Pro Portion etwa: 460 Joule/110 Kalorien
Zubereitungszeit: 15 Minuten

Das Sauerkraut etwas kleinschneiden und auflockern. Die Zwiebel schälen und kleinwürfeln. Die Paprikaschoten waschen, vierteln, von Rippen und Kernen befreien und die Viertel quer in Streifen schneiden. Die Petersilie waschen, trokkenschleudern, feinhacken und mit den anderen zerkleinerten Zutaten mischen. Den Meerrettich mit dem Öl, der sauren Sahne und dem Majoran verrühren, über den Salat gießen und unterheben.

Variante: Sauerkrautsalat mit Früchten
300 g Sauerkraut mit etwa 200 g frischer, in Stükke geschnittene Ananas, dem kleingeschnittenen Fruchtfleisch von 1 Grapefruit und 3 Eßlöffeln gehackten Haselnüssen mischen. ½ Tasse

saure Sahne mit dem Saft von 1 Orange oder 3 Eßlöffeln Zitronensaft verrühren und den Salat damit anmachen.

Salat aus gegarten Weizenkörnern

150 g ganze Weizenkörner · ½ l Wasser · ½ Teel. Meersalz · 1 Teel. Kräutersalz · 300 g milchsauer eingelegtes Gemüse (Gurken, Bohnen, Rote Bete, Blumenkohl) · 100 g Bergkäse oder mittelalter Gouda oder Emmentaler · reichlich frische Gartenkräuter (Petersilie, Pimpinelle, Bohnenkraut, ein wenig Liebstöckel) · 4 Eßl. Einlegflüssigkeit vom milchsauer eingelegtem Gemüse · 4 Eßl. Distelöl oder Keimöl

Pro Portion etwa: 1385 Joule/330 Kalorien
Zeit zum Einweichen für den Weizen: 8–10 Stunden
Zeit zum Nachquellen: 2 Stunden
Zubereitungszeit: 10 Minuten

Die Weizenkörner in einem Sieb unter fließendem Wasser waschen und mit dem Wasser 8–10 Stunden, am besten über Nacht, quellen lassen. Den Weizen im Einweichwasser zugedeckt 1 Stunde wallend kochen lassen, das Salz und das Kräutersalz zufügen und den Weizen bei ganz schwacher Hitze noch 1 Stunde nachquellen lassen. Das milchsauer eingelegte Gemüse und den Käse in kleine Würfel schneiden. Die Kräuter waschen, trockenschleudern, feinhakken und mit dem Gemüse, dem Käse und der Einlegflüssigkeit vom Gemüse mit den Weizenkörnern mischen. Das Öl darüberträufeln und sorgfältig unterheben. Der Salat kann sofort serviert werden, gewinnt jedoch noch an Geschmack, wenn er etwa 1 Stunde bei Raumtemperatur durchzieht.

Salat aus gekeimten Getreidekörnern

Dinkel, Weizen und Hafer sind besonders gut zum Keimen geeignet. Wie man Getreide keimen läßt, finden Sie im Kapitel »Keimlinge und grüne Sprossen« erklärt.

2 Eßl. Apfelessig · 1–2 Teel. Kräutersalz · 2 Teel. Apfeldicksaft · 2 Bund kleine Radieschen · 200 g Tomaten · je 1 Bund Petersilie und Schnittlauch · 150 g gekeimte Weizenkörner (Dinkel oder Nackthafer) · 4 Eßl. Distelöl

Pro Portion etwa: 1050 Joule/250 Kalorien
Zubereitungszeit: 15 Minuten

Den Apfelessig mit dem Kräutersalz und dem Apfeldicksaft verrühren. Die Radieschen waschen und in dünne Scheiben schneiden, große Radieschen zuvor durchschneiden. Die Tomaten waschen, abtrocknen und würfeln. Die Kräuter waschen, trockenschleudern und feinhacken. Die gekeimten Körner mit den Radieschen, den Tomaten und den gehackten Kräutern mischen. Die Salatsauce darübergießen und den Salat umrühren. Das Öl darüberträufeln und sorgfältig unterheben. Den Salat sofort servieren.

Tip: Statt der Radieschen schmeckt auch kleingeschnittener Staudensellerie gut in diesem Salat, nach Belieben noch 1–2 in dünne Scheiben geschnittene säuerliche Äpfel zufügen. Der Salat kann auch mit einer Sauce aus Sanoghurt oder Schwedendickmilch, etwas Öl und Zitronensaft angemacht werden.

Getreide- und Kartoffelgerichte

Getreide ist neben Frischkost aus Gemüse und Obst die beste Ergänzung zu Hülsenfruchtgerichten. Schrot und Korn überdecken mit ihrem feinem, unaufdringlichem Aroma nicht den spezifischen Geschmack der Bohnen, Erbsen und Linsen. Für stark gewürzte Speisen sind sie außerdem ein guter geschmacklicher Ausgleich. Im übrigen wird das Hülsenfruchteiweiß in Verbindung mit Getreide noch wertvoller, wie im Eingangskapitel dargestellt wurde. Getreide benötigt eine gewisse Quellzeit und eine ähnlich lange Garzeit wie Hülsenfruchtgerichte. Einfache Getreidegerichte machen wenig Arbeit, da sie beim Nachquellen nicht mehr beaufsichtigt werden müssen. – Für alle, die die geliebten Knollen nicht missen mögen, gibt es auch noch ein paar einfache Kartoffelrezepte.

Bulgur mit Zwiebeln und Kräutern

Dieses in den arabischen Ländern beliebte Getreideprodukt darf in der Vollwertküche seinen Platz beanspruchen, obwohl es – schonend – vorbehandelt wurde. Bulgur ist bereits gegarter Hartweizengrieß, getrocknet und gemahlen. Bulgur gart rasch, braucht nicht nachzuquellen und ist gut verträglich. Diesen »Vollwert-Instantgrieß« gibt es in Naturkostläden zu kaufen oder in Geschäften, die Balkanspezialitäten führen.

1 große Zwiebel · 2 Eßl. Öl · 1 l Gemüsebrühe · 200 g Bulgur · 1 Teel. Meersalz · ¼ Teel. geriebene Muskatnuß · etwa 3 Eßl. gemischte frische Kräuter (Basilikum, Bohnenkraut, Oregano, Salbei und Thymian oder je ½ Teel. dieser Kräuter, getrocknet)

Pro Portion etwa: 945 Joule/225 Kalorien
Zubereitungszeit: 25 Minuten

Die Zwiebel schälen, würfeln und in einem Topf im Öl glasig braten. Werden getrocknete Kräuter verwendet, diese jetzt zufügen. Die Brühe erhitzen. Den Bulgur zu den Zwiebelwürfeln geben und unter Rühren 3 Minuten mitbraten. Nach und nach unter Rühren mit dem Schneebesen die Brühe zugießen. Den Bulgur kurz aufkochen lassen, salzen und bei ganz schwacher Hitze (Drahtuntersetzer) in etwa 20 Minuten ausquellen lassen. Mit dem Muskat würzen. Frische Kräuter waschen, trockenschleudern, feinhakken und unter den Bulgur rühren.

Naturreis

Es empfiehlt sich, Naturreis einzuweichen. Die Garzeit verkürzt sich dadurch, und der Reis wird besser verträglich.

200 g Naturreis (Vollreis) · ¼ l Wasser · 1 große Zwiebel · 2 Eßl. Öl · ⅜ l Gemüsebrühe · 1 Teel. Meersalz · 2 Teel. getrocknetes Basilikum · nach Belieben 1 Eßl. Currypulver

Pro Portion etwa: 925 Joule/220 Kalorien
Zeit zum Einweichen: 2–8 Stunden
Zubereitungszeit: 40–60 Minuten

Den Reis in einem Sieb gründlich unter fließendem kalten Wasser waschen und in dem Wasser 2–8 Stunden quellen lassen. Die Zwiebel schälen, würfeln und im Öl glasig braten. Den Reis zufügen und unter Rühren 5 Minuten mitbraten. Inzwischen die Gemüsebrühe erhitzen. Die Brühe zum Reis gießen und diesen zugedeckt bei schwacher Hitze ausquellen lassen. Wenn fast keine Flüssigkeit mehr sichtbar ist, das Salz, das Basilikum und den Curry unterrühren und den Reis weiterquellen lassen, bis die Körner weich und trocken sind.

Grundrezept für Getreidegrütze

Weizengrütze

250 g grob geschrotete Weizenkörner · 1 Eßl. Öl · 0,4 l warmes Wasser · 1 Teel. Meersalz oder 3 Teel. gekörnte Gemüsebrühe · ¼ Teel. gemahlener Koriander · ½ Teel. getrockneter Majoran · 1 Eßl. Butter

Pro Portion etwa: 840 Joule/200 Kalorien
Zubereitungszeit: 1¼ Stunden

Vom Weizenschrot etwa 50 g Mehl absieben. Dadurch wird die Grütze lockerer und hat mehr »Biß«. Das Öl in einen Topf gießen, den Weizenschrot darin wenden und unter Rühren erwärmen. Das Wasser unter Rühren mit dem Schneebesen zufügen, zum Kochen bringen und die Grütze etwa 15 Minuten zugedeckt bei schwacher Hitze kochen lassen, bis kein Wasser mehr über der Grütze steht. Das Salz oder die gekörnte Gemüsebrühe, den Koriander und den Majoran zufügen und die Grütze bei ganz schwacher Hitze (Drahtuntersetzer) etwa 1 Stunde ausquellen lassen. Vor dem Servieren die Butter unterrühren.

Variante: Roggengrütze
Von 250 g grob geschrotetem Roggen etwa 50 g Mehl absieben und die Grütze in ¼ l Wasser 1–2 Stunden quellen lassen. Die Grütze dann unter Rühren erwärmen und trocknen lassen. Das Öl zufügen, die Grütze darin wenden, mit ⅜ l Wasser übergießen und zum Kochen bringen. Nach 15 Minuten je ½ Teelöffel getrockneten Estragon und getrockneten Thymian sowie ¼ Teelöffel gemahlenen Kümmel zufügen. Die Grütze salzen und bei ganz schwacher Hitze 1 Stunde ausquellen lassen. Nach Belieben vor dem Servieren 1 Eßlöffel Butter unterrühren.

Variante: Grünkerngrütze
Von 250 g grob geschrotetem Grünkern etwa 50 g Mehl absieben. 1 gehackte Zwiebel in 2 Eßlöffeln Öl glasig braten, den Grünkern zufügen und 3 Minuten unter Rühren mitbraten. Knapp ½ l warmes Wasser zugießen, umrühren und den Schrot 15 Minuten kochen lassen. Die Grütze mit je ½ Teelöffel getrocknetem Basilikum und Estragon würzen, salzen und 30 Minuten nachquellen lassen.

Tip: Getreidegrütze schmeckt fein mit gehackten frischen Kräutern, die erst nach dem Garen und Ausquellen untergerührt werden. Zu Weizen passen gut Basilikum, Majoran und Rosmarin, zu Roggen Rosmarin und Thymian, zu Gerste Liebstöckel, Salbei und Thymian, zu Grünkern Basilikum und Estragon und zu Hafer Bohnenkraut und Ysop. Petersilie ist für alle Getreidearten geeignet.

Hirsotto

200 g Hirse · 125 g Möhren · 1 Stange Lauch/Porree · 1 Zwiebel · 2 Eßl. Öl · ½ l Gemüsebrühe · 1 Teel. Meersalz · ½ Teel. gemahlener Fenchelsamen · ½ Teel. gemahlener Koriander · reichlich frische Kräuter (Basilikum, Estragon, Petersilie, Salbei, Thymian)

Pro Portion etwa: 1010 Joule/240 Kalorien
Zubereitungszeit: 1 Stunde

Die Hirse erst kalt, dann heiß in einem Sieb gründlich waschen und abtropfen lassen. Die Hirse bei schwacher Hitze in einem Topf mit breitem Durchmesser unter Rühren trocknen lassen. Vom Lauch ungenießbare Teile abschneiden. Die Stange längs aufschlitzen, unter fließendem Wasser gründlich waschen und in dünne

Streifen schneiden. Die Möhren gründlich unter fließendem Wasser bürsten, putzen und die Möhren kleinwürfeln. Die Zwiebel schälen und würfeln. Das Gemüse in einem Topf im Öl wenden, die Gemüsebrühe zugießen, zum Kochen bringen und die Hirse einstreuen. Die Hirse 10 Minuten kochen lassen. Das Salz, den Fenchel und den Koriander zufügen und die Hirse bei ganz schwacher Hitze (Drahtuntersetzer) in 40 Minuten ausquellen lassen. Die Kräuter waschen, trockenschleudern, feinhacken und behutsam unter die Hirse mischen.

Reisschrot-Backlinge

200 g Naturreis, mittelfein geschrotet · ¼ l kohlensäurehaltiges Mineralwasser · 100 g Magerquark · 2 Eßl. Buchweizenmehl · 50 g frisch geriebener Emmentaler Käse · 50 g geriebene Haselnüsse · 1 Teel. Meersalz · ½ Eßl. Currypulver
Für das Backblech: 2 Teel. Öl

Pro Portion etwa 1825 Joule/435 Kalorien
Zeit zum Einweichen: 1 Stunde
Zubereitungszeit: 40 Minuten

Den Reisschrot mit dem Mineralwasser verrühren und 1 Stunde quellen lassen. Den Quark unterrühren. Das Buchweizenmehl, den Käse, die Haselnüsse, das Salz und den Curry darüberstreuen und alle Zutaten gut miteinander mischen. Mit nassen Händen flache Frikadellen aus der Masse formen. Ein Backblech mit dem Öl einfetten. Die Reisplätzchen auf der mittleren Schiene in den kalten Backofen schieben, auf 200° schalten und die Backlinge in etwa 30 Minuten goldbraun backen; nach 20 Minuten Backzeit einmal wenden.

Tip: Die Reisschrot-Backlinge können auch in etwa 20 Minuten bei mittlerer Hitze in Öl in der Pfanne gebraten werden. Die Bratlinge dann nach etwa 10 Minuten wenden und auf schwache Hitze schalten.

Gersten-Backlinge

200 g Nacktgerste · ¾ l Wasser · je ½ Teel. getrockneter Thymian und Salbei · ½ Teel. Meersalz · 50 g feine Haferflocken · 3 Eßl. Sahne · 1 Möhre · 1 Zwiebel · 2 Eßl. Öl · 2 Eßl. Buchweizenmehl
Für das Backblech: 2 Teel. Öl

Pro Portion etwa 1280 Joule/305 Kalorien
Zeit zum Einweichen: 8–10 Stunden
Nachquellzeit für die Gerste: 1¼ Stunden
Zubereitungszeit: 1 Stunde

Die Gerste in einem Sieb unter fließendem Wasser waschen und in dem Wasser 8–10 Stunden, am besten über Nacht, quellen lassen. Die Gerste im Einweichwasser zum Kochen bringen und zugedeckt bei schwacher Hitze etwa 1 Stunde kochen, bis die Körner aufspringen. Die Gerste mit dem Thymian, dem Salbei und dem Salz würzen und bei ganz schwacher Hitze 1 Stunde nachquellen lassen. Die Gerste dann durch den Fleischwolf drehen. Die Haferflocken und die Sahne unterrühren. Die Möhre unter fließendem Wasser gründlich bürsten und putzen. Die Möhre feinwürfeln. Die Zwiebel schälen, ebenfalls in kleine Würfel schneiden und mit der Möhre zusammen 5 Minuten im Öl braten, jedoch nicht bräunen lassen. Das Gemüse zur Gerste geben und so viel Buchweizenmehl unterrühren, daß ein formbarer Teig entsteht. Frikadellen daraus formen. Das Blech mit dem Öl einfetten, die Gersten-Backlinge darauflegen und auf der mittleren

Schiene in den kalten Backofen schieben. Auf 200° schalten und die Gersten-Backlinge in etwa 25 Minuten goldbraun backen. Nach 15 Minuten Backzeit einmal wenden.

Vollkorn-Chapatis

Die dünnen Brotfladen, im Ursprungsland »Chapati« genannt, erobern von Indien aus die westliche Welt. Man ißt sie dort mit »Ghee«, das ist geklärte Butter.

200 g Weizenvollkornmehl · 1 Teel. Meersalz · 2 Eßl. Öl · knapp ¼ l lauwarmes Wasser
Für die Pfanne: 1 Teel. Öl

Pro Portion etwa: 800 Joule/190 Kalorien
Zubereitungszeit: 50–60 Minuten

Das Mehl mit dem Salz mischen. Das Öl und nach und nach so viel lauwarmes Wasser unterkneten, daß ein fester, jedoch geschmeidiger Teig entsteht. Den Teig sehr gründlich, etwa 20 Minuten lang kneten. Mit einem feuchten Tuch bedeckt 10 Minuten ruhen lassen und anschließend nochmals 5 Minuten durchkneten. Den Teig in 4 gleichgroße Portionen teilen. Eine schwere Bratpfanne ganz dünn mit Öl einfetten und sehr heiß werden lassen. Die Teigstücke mit nassen Händen rund formen und wie Fladen flachdrükken. Die Fladen nacheinander von beiden Seiten in insgesamt etwa 8 Minuten braten, dabei jeweils mit einem feuchten Tuch etwas andrücken, bis die Unterseite braune Bläschen aufweist. Die Fladen heiß servieren.

Tip: Geklärte Butter, die man in Indien zu Vollkorn-Chapatis reicht, kann man selbst herstellen. 60 g Butter zerlassen, aufschäumen und dann etwas abkühlen lassen. Dabei setzt sich am Boden eine weißliche Schicht ab. Das ist Milcheiweiß. Die obere Schicht, das Butterfett, vorsichtig abgießen und die heißen Vollkorn-Chapatis damit bestreichen.

Tortillas aus Körnermais

Tortillas kann man mit einem Hülsenfruchtpüree füllen und überbacken oder zu Hülsenfruchtgerichten, speziell zu braunen Bohnen reichen.

250 g ungemahlene Maiskörner (Reformhaus) · ½ l Wasser · ½ Teel. Salz

Pro Portion etwa 920 Joule/220 Kalorien
Zeit zum Einweichen: 24 Stunden
Zubereitungszeit: 2½ Stunden

Den Mais unter fließendem Wasser im Sieb waschen und in dem Wasser 24 Stunden quellen lassen. Den Mais dann im Einweichwasser zugedeckt bei schwacher Hitze in etwa 2 Stunden weich kochen. Die Körner mindestens dreimal durch die feinste Scheibe des Fleischwolfes drehen, bis sie eine geschmeidige Teigmasse ergeben. Den Teig salzen, in 6–8 Portionen teilen und diese zu dünnen Fladen ausrollen. Die Tortillas in einer heißen Eisenpfanne ohne Fettzugabe von beiden Seiten backen, jedoch nicht bräunen lassen. Tortillas sollen weich und pfannkuchenähnlich sein.

Kartoffelpuffer

750 g Kartoffeln · 1 große Zwiebel · 1 Knoblauchzehe · 200 g Magerquark · 3 Eßl. Buchweizenmehl · 2 Teel. getrockneter Majoran · 1 Teel. Salz · 1 Bund Petersilie · 3 Eßl. Öl

Pro Portion etwa: 1385 Joule/330 Kalorien
Zubereitungszeit: 30 Minuten

Die Kartoffeln unter fließendem Wasser gründlich bürsten, Keimansätze herausschneiden und die Kartoffeln ungeschält feinreiben. Die Zwiebel schälen und zu den Kartoffeln reiben. Den Knoblauch schälen und durch die Knoblauchpresse auf die Kartoffeln und die Zwiebel drücken. Den Quark und das Buchweizenmehl sowie den Majoran und das Salz zugeben und alles gut miteinander verrühren. Die Petersilie waschen, trokkenschleudern, feinhacken und unter den Kartoffelpufferteig mischen. In einer großen Bratpfanne Öl heiß werden lassen und aus dem Teig portionsweise jeweils 3–5 Puffer in heißem Öl von beiden Seiten knusprig braun braten. Pro Puffer dauert das 5–6 Minuten. Die gebratenen Kartoffelpuffer warm stellen, bis alle gebraten sind; jedoch dabei nicht zudecken, sonst wird die Kruste weich. Am besten sind die Puffer, wenn sie gleich aus der Pfanne auf den Teller wandern und ganz frisch gebraten verzehrt werden.

Bratkartoffeln mit Kräutern

750 g Kartoffeln · 2 Zwiebeln · 3 Eßl. Öl · 1 Teel. Kräutersalz · 2 Eier · ½ Tasse saure Sahne · je 1 Bund Petersilie und Schnittlauch · 1 Handvoll Kerbel (etwa 50 g)

Pro Portion etwa: 1250 Joule/300 Kalorien
Zubereitungszeit: 50 Minuten

Die Kartoffeln unter fließendem Wasser sehr gründlich bürsten, Keimansätze entfernen und die Kartoffeln von Wasser bedeckt in etwa 25 Minuten weich kochen oder über kochendem Wasser gar dämpfen. Die Kartoffeln dann etwas auskühlen lassen. Inzwischen die Zwiebeln schälen und würfeln. Die Zwiebeln im Öl glasig braten. Die Kartoffeln ungeschält in Scheiben auf die Zwiebeln schneiden, mit dem Kräutersalz bestreuen und unter Wenden bei mittlerer Hitze 5 Minuten braten, jedoch nicht bräunen lassen. Die Eier mit der sauren Sahne verquirlen. Die Kräuter waschen, trockenschleudern, feinhakken und unter die Eiersahne rühren. Die Mischung über die Kartoffeln gießen. Die Eiersahne bei schwacher Hitze stocken lassen; dabei nicht mehr umrühren.

Gebratene Kümmelkartoffeln

750 g Kartoffeln · 3 Eßl. Öl · 1 Teel. Kräutersalz · je 1 Teel. Kümmelkörner und gemahlener Kümmel · 2 Teel. getrockneter Majoran · ½ Teel. gemahlener Piment · 1 Bund Petersilie

Pro Portion etwa: 945 Joule/225 Kalorien
Zubereitungszeit: 45 Minuten

Die Kartoffeln unter fließendem Wasser sehr gründlich bürsten, Keimansätze entfernen und die Kartoffeln ungeschält feinhobeln. Das Öl in einer großen Pfanne erhitzen. Die Kartoffelhobel etwas ausdrücken. Das Kartoffelwasser nicht weggießen, sondern als Grundstock für eine Gemüsesuppe aufbewahren – spätestens am nächsten Tag verwenden. Die Kartoffelhobel ins heiße Öl geben, mit dem Kräutersalz, dem Kümmel, dem Majoran und dem Piment bestreuen und umrühren. Auf schwache Hitze schalten und die Kartoffeln zugedeckt in etwa 20 Minuten weich braten. Dabei von Zeit zu Zeit mit dem Bratenwender wenden. Die Petersilie waschen, trokkenschleudern, feinhacken und die Kümmelkartoffeln damit bestreuen.

Obst und Dessert

Es liegt in der Natur der Hülsenfrüchte, daß viele aus ihnen bereitete Speisen kalorienreich sind, auch wenn bei der Zubereitung an Fett gespart und auf Fleisch verzichtet wird. Ein fruchtiger, leichter Nachtisch ist deshalb als Schlußakkord einer reichhaltigen Hülsenfruchtmahlzeit sinnvoller als eine Creme aus Eiern und Sahne. Salate aus rohen Früchten sind eine ideale Ergänzung. Sind die Hülsenfruchtgerichte nicht zu sättigend, darf es auch eine Obstspeise mit Vollkorngetreide als Nachtisch geben. Die Rezeptauswahl dieses Kapitels bringt für beide Gelegenheiten Anregungen. Richten Sie sich im Zweifelsfalle nach den Dessertvorschlägen, die Sie am Schluß eines jeden Hülsenfruchtgerichtes finden. Doch lassen Sie auch Ihre Phantasie spielen und wählen Sie aus dem jahreszeitlichen Angebot an Früchten ein Dessert nach Ihrem Geschmack.

Rohes Apfelmus

Rohes Apfelmus beweist, wie köstlich einfache Speisen schmecken können, wenn ihre Zutaten frisch und unverfälscht sind. Dieses Apfelmus erst bereiten, kurz bevor der erste Gang serviert wird, und zugedeckt stehen lassen.

4 mittelgroße reife Äpfel (etwa 600 g) · 2 Eßl. Zitronensaft · 1 Eßl. Honig · ½ Tasse Sahne · 2 Eßl. gehackte Haselnüsse

Pro Portion etwa: 630 Joule/170 Kalorien
Zubereitungszeit: 10 Minuten

Die Äpfel waschen und abtrocknen. Den Zitronensaft in einer Schüssel mit dem Honig verrühren. Die ungeschälten Äpfel mit dem Kerngehäuse in die Schüssel reiben und umrühren. Die Sahne halbsteif schlagen und unterheben. Das Apfelmus mit den Haselnüssen bestreuen.

Bratäpfel

4 mittelgroße, mürbe Äpfel wie Boskop (etwa 600 g) · 4 Teel. ungeschwefelte Rosinen · 4 Teel. Apfeldicksaft · 1 Eßl. Butter · 1 Eßl. Mandelsplitter
Für die Form: 1 Teel. Butter
Nach Belieben: ½ Tasse Sahne

Ohne Sahne pro Portion etwa: 545 Joule/130 Kalorien
Zubereitungszeit: 40 Minuten

Die Äpfel waschen, abtrocknen und die Kerngehäuse ausstechen. Eine feuerfeste Form mit der Butter ausstreichen. Den Backofen auf 180° vorheizen. Die Äpfel in die Form setzen. Die Rosinen kurz in einem Sieb überbrausen, trockentupfen und in jede Apfelhöhlung 1 Teelöffel Rosinen füllen. Den Apfeldicksaft auf die Rosinen träufeln und die Butter in Flöckchen auf die Äpfel verteilen. Zuletzt die Mandelsplitter darüberstreuen. So viel Wasser seitlich in die Form gießen, daß ihr Boden gerade bedeckt ist und die Äpfel auf der zweiten Schiene von unten etwa 30 Minuten im Backofen braten. Nach Belieben mit der Sahne übergießen. Heiß servieren.

Apfel im Schlafrock

Für den Teig: 250 g Weizenvollkornmehl · 1 Teel. gemahlene Vanille · 1 Messerspitze Zimtpulver · 2 Teel. unbehandelte abgeriebene Zitronenschale · 1 Messerspitze Meersalz · 100 g Butter · 50 g Honig (etwa 3 Eßl.)
Für die Äpfel: 4 mittelgroße mürbe Äpfel wie Boskop (etwa 600 g) · 4 Teel. Marmelade oder ungeschwefelte Rosinen
Zum Bestreichen: 1 Eigelb · 1 Eßl. Milch
Für das Backblech: 1 Teel. Butter

Pro Portion etwa: 2310 Joule/550 Kalorien
Zubereitungszeit: 1¼ Stunden

Das Mehl in einer Schüssel mit den Gewürzen, der Zitronenschale und dem Salz mischen. Die Butter mit dem Honig bei schwacher Hitze zerlassen, auf das Mehl träufeln und alle Zutaten rasch zu einem Mürbeteig verkneten. Den Teig 30 Minuten ruhen lassen. Inzwischen die Äpfel waschen, abtrocknen und die Kerngehäuse ausstechen. Die Apfelhöhlungen mit der Marmelade

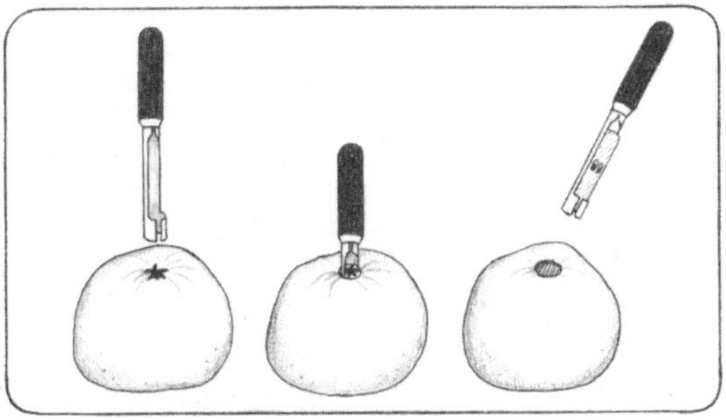

Mit dem Apfelausstecher läßt sich das Kerngehäuse mühelos aus einem Apfel herausstechen.

oder mit den gewaschenen, abgetropften Rosinen füllen. Den Backofen auf 200° vorheizen. Den Teig auf einer leicht bemehlten Arbeitsplatte nicht zu dünn zu einem Quadrat ausrollen. Die Teigplatte in 4 Quadrate schneiden. Sie müssen so groß sein, daß die Äpfel darin eingehüllt werden können. Wenn nötig die einzelnen Quadrate noch etwas größer ausrollen. Auf jedes der Teigstücke einen vorbereiteten Apfel setzen, die Teigenden über den Äpfeln zusammenschlagen und die Zipfel fest zusammendrücken. Das Eigelb mit der Milch verquirlen und die Äpfel im Schlafrock damit bestreichen. Ein Kuchenblech mit der Butter einfetten. Die Äpfel daraufsetzen und in 25–30 Minuten auf der zweiten Schiene von unten goldgelb backen. Warm servieren.

Birnensalat

1 Eßl. ungeschwefelte Korinthen · 4 Eßl. Birnensaft oder ein anderer naturreiner Fruchtsaft · 2 Eßl. Mandelmus · 1 Eßl. Birnendicksaft · je 1 Prise Nelkenpulver und Ingwerpulver · 4 mittelgroße saftige Birnen (etwa 600 g)

Pro Portion etwa: 820 Joule/195 Kalorien
Zubereitungszeit: 10 Minuten

Die Korinthen in einem Sieb abspülen und in 2 Eßlöffeln Birnensaft quellen lassen. Das Mandelmus in einer Schüssel mit dem restlichen Saft, dem Birnendicksaft, dem Nelken- und dem Ingwerpulver verrühren. Die Birnen waschen, abtrocknen und mit dem Kerngehäuse auf einer groben Reibe auf die Mandelmusmischung reiben. Die Korinthen zufügen und mit den Birnen behutsam unter die Salatsauce heben. Gleich servieren.

Traubensalat

3 Eßl. ungeschwefelte Korinthen · 3 Eßl. Haferflocken · ⅛ l Traubensaft · 600 g weiße süße Weintrauben · 1 Eßl. Zitronensaft · 1 Eßl. Honig · 2 Eßl. gehackte Haselnüsse

Pro Portion etwa: 1090 Joule/260 Kalorien
Zubereitungszeit: 30 Minuten

Die Korinthen waschen, abtropfen lassen, mit den Haferflocken mischen, mit dem Traubensaft übergießen und 30 Minuten quellen lassen. Die Trauben erst mit warmem Wasser waschen, dann kalt überspülen und von den Stielen zupfen. Die Weinbeeren halbieren und die Kerne entfernen. In einer Schüssel den Zitronensaft mit dem Honig verrühren. Die Korinthen mit den Haferflocken unterrühren und zuletzt die halbierten Weinbeeren unterheben. Den Traubensaft mit gehackten Haselnüssen bestreuen und gleich servieren.

Trauben-Nuß-Auflauf

500 g Weintrauben · 175 g Haferflocken · ⅛ l Milch · 2 Eßl. Butter · 3 Eßl. Honig · 150 g Magerquark · ⅛ l Schwedendickmilch · ½ Teel. gemahlene Vanille · 2 Teel. unbehandelte abgeriebene Zitronenschale · 1 Messerspitze Meersalz · 2 Eßl. gemahlene Haselnüsse
Für die Form: 1 Teel. Butter

Pro Portion etwa: 2080 Joule/495 Kalorien
Zubereitungszeit: 1 Stunde und 10 Minuten

Die Weintrauben erst mit warmem Wasser waschen, dann kalt abspülen und die Weinbeeren abzupfen. Die Haferflocken in einer Schüssel mit der Milch übergießen und weichen lassen. Die Butter mit dem Honig schaumig rühren. Den Quark mit der Schwedendickmilch glattrühren und mit der Butter-Honig-Mischung zu den eingeweichten Haferflocken geben. Den Backofen auf 180° vorheizen. Eine Auflaufform mit der Butter ausstreichen. Die Vanille, die Zitronenschale, das Salz und die Haselnüsse zu den Zutaten in der Schüssel geben und alles gut miteinander verrühren. Zuletzt die Weinbeeren unterheben. Die Masse in die Auflaufform füllen und auf der zweiten Schiene von unten in etwa 45 Minuten goldgelb backen.

Kompott aus Dörraprikosen

250 g ungeschwefelte, getrocknete Wildaprikosen oder andere ungeschwefelte getrocknete Aprikosen · ½ l Apfelsaft · 1 unbehandelte Zitrone · 1 Stück Stangenzimt · 2 Sternanis · 3 Gewürznelken · 1 Messerspitze gemahlener Macis · 4 Eßl. Ahornsirup

Pro Portion etwa: 965 Joule/230 Kalorien
Zeit zum Einweichen: 10–12 Stunden
Zubereitungszeit: 25 Minuten

Die Aprikosen in einem Sieb kurz unter fließendem kalten Wasser abspülen und mit dem Apfelsaft übergossen 10–12 Stunden, am besten über Nacht, quellen lassen. Die Zitrone abwaschen und in hauchdünne Scheiben schneiden. Die Aprikosen mit den Zitronenscheiben, allen Gewürzen und dem Ahornsirup im Einweichsaft zum Kochen bringen und zugedeckt bei schwacher Hitze in 15–20 Minuten weich schmoren. Ab und zu prüfen, ob noch genügend Flüssigkeit vorhanden ist, wenn nötig wenig Apfelsaft nachfüllen. Das Stück Stangenzimt, den Sternanis und die Nelken entfernen und das Kompott kalt servieren.

Rohe Rhabarbergrütze

Tapioka bindet Flüssigkeit, ohne sie zu trüben. Die Speisen werden durchsichtig, geleeartig. Tapioka ist ausgesprochen magenfreundlich. Es gibt ihn in Reformhäusern zu kaufen.

750 g roter Rhabarber · 100 g Honig · 2 Teel. unbehandelte abgeriebene Zitronenschale · 1 Messerspitze Ingwerpulver · etwa ½ l naturreiner Erdbeer- oder Kirschsaft · 65 g Tapioka · nach Belieben ⅛ l Sahne

Ohne Sahne pro Portion etwa: 880 Joule/210 Kalorien
Zeit zum Durchziehen: 2 Stunden
Zubereitungszeit: 20 Minuten

Den Rhabarber waschen, die Stielenden etwas kürzen. Die Rhabarberstangen einmal längs durchschneiden und die Stangenhälften in etwa 2 cm lange Stücke schneiden. Die Rhabarberstücke mit dem Honig, der Zitronenschale und dem Ingwerpulver mischen und zugedeckt 2 Stunden Saft ziehen lassen. Den Rhabarbersaft abgießen und mit Fruchtsaft auf ¾ l Flüssigkeit ergänzen. Den Saft zum Kochen bringen, den Tapioka unter Rühren einstreuen, die Hitze reduzieren und das Ganze unter Rühren leise kochen lassen, bis die Tapiokakörner durchsichtig geworden und fast aufgelöst sind. Das dauert etwa 15 Minuten. Die Rhabarberstücke in eine Glasschüssel füllen und mit der Tapiokafruchtgrütze übergießen. Beim Auskühlen wird die Grütze fest. Nach Belieben flüssige Sahne dazu reichen.

Tip: Wird Tapioka verwendet, kann man es vor dem Kochen 1–2 Stunden in Fruchtsaft quellen lassen. Das verkürzt die Garzeit für die harten Sagokörner.

Orangensalat mit Datteln und Feigen

je 75 g ungeschwefelte getrocknete Datteln und getrocknete Feigen · 4 Orangen · 50 g gehackte Walnußkerne · 2 Eßl. Honig · 1 Eßl. Zitronensaft

Pro Portion etwa: 985 Joule/235 Kalorien
Zubereitungszeit: 20 Minuten
Zeit zum Durchziehen: 30 Minuten

Die Datteln entsteinen. Die Datteln und Feigen in kleine Stücke schneiden und mischen. Die Orangen schälen; die weiße Haut sorgfältig entfernen. Die Orangen mit einem Sägemesser in dünne Scheiben schneiden und die Kerne entfernen. Die Orangenscheiben abwechselnd mit den Datteln und Feigen in eine Glasschüssel schichten. Jede Lage Orangenscheiben mit gehackten Nüssen bestreuen. Mit einer Schicht Orangenscheiben abschließen. Den Honig etwas erwärmen, mit dem Zitronensaft mischen, den Obstsalat damit begießen und zugedeckt 30 Minuten durchziehen lassen.

Tip: Wenn Sie noch einen abgesiebten Kleierest haben und vielleicht auch noch geschroteten Leinsamen, mischen Sie je 3 Eßlöffel von beiden miteinander. Rösten Sie die Mischung ohne Fettzugabe, bis sie angenehm zu duften beginnt und streuen Sie statt der gehackten Nüsse auf die Orangenscheiben.

Bananencreme

4 vollreife Bananen · 1 Eßl. Zitronensaft · 1 Eßl. Birnendicksaft · 1 Messerspitze Ingwerpulver oder ½ Teel. gemahlene Vanille · 2 Eßl. Leinsamenschrot oder feine Haferflocken oder Hirseflocken

Pro Portion etwa: 775 Joule/185 Kalorien
Zubereitungszeit: 10 Minuten

Die Bananen schälen und mit der Gabel zerdrükken. Den Zitronensaft, den Birnendicksaft, den Ingwer oder die Vanille zufügen und die Bananen mit der Gabel cremig schlagen. Den Leinsamenschrot oder die Getreifeflocken ohne Fettzugabe unter Rühren 1–2 Minuten rösten, bis sie zu duften beginnen. Den Schrot oder die Flocken unter die Bananencreme heben. Die Creme möglichst bald servieren.

Tip: Im allgemeinen kann man in Haushaltsgetreidemühlen keine Ölsaaten schroten. Kaufen Sie deshalb geschroteten Leinsamen. Man kann ihn auch auf Hülsenfruchtsuppen streuen oder das Frühstücksmüsli damit anreichern, so daß die angebrochene Packung innerhalb von 14 Tagen verbraucht werden kann. Bei längerer Lagerung wird Leinsamenschrot ranzig und schmeckt dann bitter.

Gebackene Ananas

1 reife kleine Ananas (etwa 750 g) · Saft von 1 Zitrone · 1 Eßl. Honig · 1 Teel. gemahlener Piment
Für die Form: 1 Teel. Öl

Pro Portion etwa: 355 Joule/85 Kalorien
Zubereitungszeit: 30 Minuten

Den Backofen auf 200° vorheizen. Von der Ananas die Blattrosette abschneiden, die Frucht schälen, der Länge nach halbieren und aus beiden Hälften den Strunk – die harte Mitte – herausschneiden. Die Hälften mit dem Zitronensaft beträufeln, mit dem Honig bestreichen und mit etwas Piment würzen. Eine genügend große flache feuerfeste Form mit dem Öl einfetten. Die Ananashälften nebeneinander hineinlegen und auf der zweiten Schiene von unten etwa 20 Minuten backen, bis die Frucht weich und goldbraun geworden ist. Beide Ananashälften in jeweils 4 Stücke schneiden und heiß servieren.

Brombeer-Charlotte

Zutaten für 6 Portionen: 250 g süße Vollkornkekse · 600 g reife Brombeeren · ¼ l naturreiner Kirsch- oder Johannisbeersaft · 2 Eßl. Apfeldicksaft · ½ Teel. gemahlene Vanille · 1 Teel. unbehandelte abgeriebene Zitronenschale · ½ Päckchen Agar-Agar (4 g)
Für die Form: 1 Teel. Öl

Pro Portion etwa: 1155 Joule/275 Kalorien
Zubereitungszeit: 20 Minuten
Zeit zum Festwerden: 2–3 Stunden

Einen mit Öl eingefetteten Springformrand von 22 cm Durchmesser auf eine runde Kuchenplatte stellen. Mit den Vollkornkeksen den Boden dicht auslegen, den Rand mit Keksen auskleiden. Übriggebliebene Kekse mit dem Nudelholz zerdrücken und mit den Kekskrümeln die Lücken zwischen den Keksen auf dem Boden füllen. Die Brombeeren waschen, abtropfen lassen – die Stiele möglichst mit den weißen Fruchtböden von den Beeren zupfen – und in die Springform füllen. 4 Eßlöffel Fruchtsaft zurückbehalten, den übrigen Saft mit dem Apfeldicksaft, der Vanille und der Zitronenschale sehr heiß werden, jedoch nicht kochen lassen. Das Agar-Agar-Pulver mit 4 Eßlöffeln Fruchtsaft anrühren, in die heiße Flüssigkeit einrühren, unter Rühren bis zum Siedepunkt erhitzen, abkühlen lassen und gleichmäßig über die Brombeeren gießen. Die Brombeer-Charlotte 2–3 Stunden stehen lassen, bis der Agar-Agar-Guß fest geworden ist. Den Springformrand vor dem Servieren abheben.

Tip: Wenn das Hauptgericht nicht zu mächtig war, die Charlotte mit Schlagsahne verzieren. Als Beerenfüllung schmecken auch Johannisbeeren und Himbeeren oder eine Mischung aus beiden. Bei Johannisbeeren den Agar-Agar-Guß etwas mehr süßen.

Beeren-Gelee

Aus frisch geernteten Beeren zubereitetes Gelee schmeckt besonders aromatisch.
Je 250 g Himbeeren und Johannisbeeren · ½ l naturreiner Johannisbeersaft · 3 Eßl. Honig · 1 Eßl. Zitronensaft · 10 g Agar-Agar (2¼ Päckchen) · ⅛ l Sahne · ½ Teel. gemahlene Vanille · 1 Eßl. Apfeldicksaft

Pro Portion etwa: 840 Joule/200 Kalorien
Zubereitungszeit: 30 Minuten
Zeit zum Gelieren: 2 Stunden

Die Himbeeren und die Johannisbeeren verlesen, nacheinander waschen und abtropfen lassen. Die Johannisbeeren von den Rispen zupfen. Die Beeren in einer Schüssel mischen. Den Johannisbeersaft mit dem Honig und dem Zitronensaft verrühren. ⅛ l vom Saft abnehmen und das Agar-Agar darin glattrühren. Den restlichen Saft auf etwa 80° erhitzen. Das angerührte Agar-Agar in den heißen Saft gießen und unter Rühren bis knapp unter dem Siedepunkt erhitzen, jedoch nicht kochen lassen. Die Flüssigkeit etwas abkühlen lassen, auf die Beeren gießen und alles kühl stellen. Nach etwa 2 Stunden ist die Flüssigkeit fest. Die Sahne mit der Vanille steif schlagen. Den Apfeldicksaft unterrühren. Das Beerengelee nach Belieben mit der Schlagsahne aus dem Spritzbeutel verzieren oder die Schlagsahne dazu reichen.

Variante: Weintraubensülze
Statt der Himbeeren und Johannisbeeren 500 g süße Weintrauben waschen und abzupfen. Statt in Johannisbeersaft das Agar-Agar in Traubensaft auflösen. Der Arbeitsablauf ist der gleiche wie im Rezept für Beeren-Gelee. Die Weintraubensülze auf eine Platte stürzen und mit kalter Vanillesauce servieren.

Tip: Die Sülze löst sich zum Stürzen leicht aus der Schüssel, wenn man diese mit dem Boden einige Sekunden in sehr heißes Wasser taucht. Dabei darauf achten, daß das Wasser nicht über den Rand in die Schüssel läuft.

Preiselbeercreme

300 g frische Preiselbeeren · 4 Eßl. Honig · 1 Eßl. Zitronensaft · 1 Eßl. abgeriebene unbehandelte Orangenschale oder 2 Teel. abgeriebene unbehandelte Zitronenschale · 1 Messerspitze Ingwerpulver · 6 Vollkornzwiebacke · ½ Tasse Milch · ⅛ l Sahne

Pro Portion etwa: 1115 Joule/265 Kalorien
Zubereitungszeit: 30 Minuten

Die Preiselbeeren verlesen, gründlich waschen und abtropfen lassen. Die Beeren in einem Topf mit breitem Durchmesser mit dem Honig, dem Zitronensaft, der abgeriebenen Orangen- oder Zitronenschale und dem Ingwer mischen. Alles langsam erhitzen und bei schwacher Hitze im offenen Topf unter Rühren 10–15 Minuten kochen lassen, bis die Preiselbeeren weich sind. Das dicke Kompott abkühlen lassen. Inzwischen den Zwieback zerbrechen, mit der Milch übergießen, weich werden lassen und dann zu einem Brei verrühren. Die abgekühlten Preiselbeeren mit dem Zwiebackbrei mischen. Die Sahne steif schlagen und behutsam unterziehen.

Variante: Preiselbeerschaum
Die Preiselbeeren wie beschrieben weich kochen und dann durch ein Sieb streichen. ¼ l Sahne steif schlagen und unterheben. Den Preiselbeerschaum mit gehackten, leicht gerösteten Mandeln bestreuen.

Der peruanische Bohnenauflauf ist ein köstliches Gericht aus der vielseitigen lateinamerikanischen Hülsenfruchtküche. Rezept Seite 42.

Variante: Gefüllte Birnenhälften
4 reife, saftige Birnen waschen, abtrocknen, halbieren und die Kerngehäuse herausschneiden. Aus 150 g Preiselbeeren, 2 Eßlöffeln Honig und abgeriebener Orangen- oder Zitronenschale ein Kompott kochen. 1 Packung Doppelrahm-Frischkäse (62,5 g) mit 2 Eßlöffeln Sahne schaumig rühren. Die Birnenhälften mit der Höhlung nach oben auf 4 Dessertteller verteilen, mit Preiselbeerkompott füllen und jeweils 1 Eßlöffel Käsecreme daraufgeben.

Hafercremespeise

Wir sind gewohnt, für Cremes und Flammeris die Milch zum Kochen zu bringen und das Dikkungsmittel wie Grieß, Reis, Speisestärke in die kochende Milch einzurühren. In der Vollwertküche soll das Kochen der Milch vermieden werden. Bei hohen Temperaturen verändert sich das Milcheiweiß; es gerinnt, Fermente und Bakterien werden getötet. Deshalb wird die Milch erst nach dem Aufkochen des Getreides in den Brei gegeben, der dann bei schwächster Hitzezufuhr oder im heißen Wasserbad (bei 60–70°) fertig ausquellen kann.

300 g frisches Beerenobst oder kleingeschnittene Orangenspalten oder Bananenscheibchen · 1–2 Eßl. Honig · 80 g Nackthaferfeinschrot · ⅜ l Wasser · ¼ l Milch · ½ Teel. gemahlene Vanille · 1 Teel. abgeriebene unbehandelte Zitronenschale · 3 Teel. Rübensirup · 1 Messerspitze Salz · ⅛ l Sahne · 2 Eßl. Ahornsirup

Pro Portion etwa: 1195 Joule/285 Kalorien
Zubereitungszeit: 1 Stunde

Das Obst waschen, abtropfen lassen, je nach Sorte kleinschneiden oder unzerkleinert in einer Schüssel mit dem Honig beträufeln und zugedeckt stehen lassen. Den Haferschrot mit ⅛ l Wasser verrühren und 30 Minuten quellen lassen. ¼ l Wasser zum Kochen bringen. Den gequollenen Schrot einrühren, unter Umrühren 3 Minuten kochen lassen und von der Herdplatte nehmen. Die Milch handwarm werden lassen und mit der Vanille, der Zitronenschale, dem Rübensirup und dem Salz unter den Haferbrei rühren. Den Brei bei ganz schwacher Hitze (Drahtuntersetzer) 20 Minuten ausquellen lassen, von der Herdplatte nehmen und abkühlen lassen. Dabei ab und zu mit dem Schneebesen durchschlagen, damit die Creme locker wird. Die Sahne sehr steif schlagen. Den Ahornsirup unterziehen und die Schlagsahne locker unter die Hafercreme mischen. Die Creme auf das Obst geben.

Sanddorncreme

75 g feiner Weizenschrot · ⅜ l Wasser · 1 Messerspitze Salz · ¼ Teel. gemahlener Koriander · ⅛ l Schwedendickmilch · ⅛ l Sahne · 3 Eßl. Honig · 3 Eßl. ungesüßtes Sanddornelexier (Sanddornmark)

Pro Portion etwa: 1155 Joule/275 Kalorien
Zubereitungszeit: 1 Stunde

Den Schrot mit ⅛ l Wasser verrühren und 30 Minuten quellen lassen. Das übrige Wasser zum Kochen bringen. Den gequollenen Weizenschrot einrühren. Das Salz und den Koriander zufügen. Die Hitze reduzieren und den Schrot unter Rühren 3 Minuten kochen lassen. Die Schwedendickmilch handwarm werden lassen. Den Topf mit dem Schrot von der Herdplatte nehmen, die

Eine süße Leckerei aus Hülsenfrüchten ergeben diese Teigtaschen mit Hülsenfruchtfüllung. Rezept Seite 61.

Schwedendickmilch unterrühren, den Weizenschrot bei schwächster Hitze (Drahtuntersetzer) 20 Minuten ausquellen und dann auskühlen lassen. Dabei ab und zu mit dem Schneebesen schlagen. Die Sahne sehr steif schlagen. Den Honig mit dem Sanddornelexier verrühren, unter die Sahne ziehen und diese unter den Weizenflammeri heben.

Kirschpfannkuchen

100 g Buchweizenmehl · 100 g Weizenvollkornmehl · je 1 Messerspitze Zimt und Meersalz · knapp ½ l kohlensäurehaltiges Mineralwasser · 300 g frische Sauerkirschen · 2 Eßl. Öl · 2 Eßl. Sucanat oder Ahornsirup

Pro Portion etwa: 1050 Joule/250 Kalorien
Zubereitungszeit: 40 Minuten

Das Buchweizenmehl mit dem Weizenmehl, dem Zimt und dem Salz mischen. Das gut gekühlte Mineralwasser mit dem Schneebesen unterrühren und den Pfannkuchenteig 15 Minuten quellen lassen. Die Kirschen waschen, gut abtropfen lassen, entsteinen und unter den Pfannkuchenteig mischen. Im heißen Öl in insgesamt 20 Minuten 4 Pfannkuchen – von jeder Seite etwa 5 Minuten – backen, mit dem Sucanat bestreuen oder mit dem Ahornsirup beträufeln und sofort servieren.

Tip: Sucanat ist ein Süßmittel aus nicht raffiniertem Zuckerrohrsaft. Es hat einen sehr angenehmen, leicht malzigen Geschmack, ist körnig und kann deshalb sehr gut den raffinierten Kristallzucker immer dann ersetzen, wenn ein fertiges Gericht noch mit Zucker bestreut werden soll. Sucanat ist nicht billig, doch ein Glas mit 400 g reicht lange, wenn es nur als Gewürz verwendet wird. Sucanat gibt es in Naturkostläden.

Kastaniencreme

Eßkastanien, auch Edelkastanien oder Maroni genannt, ähneln in ihrem Nährwert dem Getreide. Sie sind sättigend, gut verträglich und werden von Groß und Klein wegen ihres angenehmen schwach süßem Geschmacks gerne gegessen. In der Pfalz und in der Gegend um Baden-Baden gibt es größere Edelkastanienwälder. Im Tessin und Oberengadin nehmen die Maroni oft den Platz ein, den die Kartoffel bei uns hat. Das folgende Rezept ist eines von den »kinderleichten«, freilich müssen die Kastanien dafür sehr weichgekocht sein.

500 g Eßkastanien · ¼ l Milch · 1 Eßl. Butter · ½ Teel. gemahlene Vanille · 1 Messerspitze Salz · 2 Eßl. Honig · ⅛ l Sahne

Pro Portion etwa: 1560 Joule/390 Kalorien
Zubereitungszeit: 1 Stunde

Die Kastanien am spitzen Ende kreuzweise einschneiden und von Wasser bedeckt 45 Minuten kochen lassen. Die Kastanien immer nur portionsweise aus dem heißen Wasser heben und schälen, damit sie nicht abkühlen. Dabei auch die braune Haut unter der harten Schale entfernen. Die Milch heiß werden, aber nicht kochen lassen. Die Kastanien mit einem Kartoffelstampfer zerstoßen, nach und nach die heiße Milch zugießen. Die Butter zufügen und den Kastanienbrei mit dem Schneebesen wie Kartoffelbrei schlagen. Die Vanille, das Salz und den Honig unterrühren. Das Püree abkühlen lassen. Die Sahne steif schlagen und unterziehen.

Indianisches Maisdessert

Diesen Nachtisch gab es bei uns nach dem ersten Ausprobieren eine Zeitlang zweimal in der Woche. Die Gäste baten um das Rezept, und es gibt sicher jetzt bei vielen Familien zweimal in der Woche indianisches Maisdessert. Hier wird es mit Äpfeln zubereitet. Es schmeckt aber auch mit reifen Beeren aller Art fein.

Zutaten für 6 Personen: 700 g säuerliche Äpfel · 4 Eßl. Ahornsirup · 125 g Maisgrieß · ½ Teel. Meersalz · 60 g Butter · 4 Eßl. Honig · ½ l Schwedendickmilch oder geschlagene Dickmilch · 1 Eßl. Zitronensaft
Für die Form: 1 Teel. Butter

Pro Portion etwa: 1365 Joule/325 Kalorien
Zubereitungszeit: 1½ Stunden.

Die Äpfel waschen, vierteln, die Kerngehäuse entfernen und die Apfelviertel in dünne Scheiben schneiden. Eine Auflaufform mit Butter ausstreichen. Die Apfelscheiben einfüllen und mit dem Ahornsirup beträufeln. Den Backofen auf 180° vorheizen. Den Maisgrieß in einer Schüssel mit dem Salz mischen. Die Butter zerlassen, nicht bräunen lassen und den Honig darin auflösen. Gut die Hälfte davon mit der Schwedendickmilch oder der Dickmilch verrühren. Den Rest aufbewahren. Die Schwedendickmilchmischung auf den Maisgrieß gießen, alles gut miteinander verrühren und auf den Apfelscheiben verteilen. Den Zitronensaft unter die restliche Butter-Honig-Mischung rühren, den Auflauf damit beträufeln und auf der zweiten Schiene von unten in etwa 1 Stunde goldbraun backen. Heiß servieren.

Tip: Der Maisgrieß kann ganz oder zur Hälfte durch Weizengrieß ersetzt werden, der mild im Geschmack und feiner in der Körnung ist.

Zitronencreme

Den Naturreis können Sie sich wie auch Getreide im Fachgeschäft schroten lassen.

Gut ¼ l Wasser · ¼ l Milch · 75 g fein geschroteter Naturreis · 2 kleine unbehandelte Zitronen · 4 Eßl. Apfeldicksaft · je 1 Messerspitze gemahlenes Anis und geriebene Ingwerwurzel · ½ Teel. gemahlene Vanille · ¼ l Sahne · 2 Eßl. Honig

Pro Portion etwa 1600 Joule/380 Kalorien
Zubereitungszeit: 40 Minuten

Das Wasser mit der Milch zusammen zum Kochen bringen. Den Reisschrot mit dem Schneebesen einrühren. Den Schrot bei schwacher Hitze unter Rühren 10 Minuten kochen lassen, vom Herd nehmen und auskühlen lassen. Es ergibt einen nahezu steifen Reisbrei. Die Zitronen waschen, abtrocknen und die Schale dünn und sehr fein abreiben. Den Saft auspressen, in einer Schüssel mit der abgeriebenen Zitronenschale – 1 Teelöffel davon zurückbehalten –, dem Apfeldicksaft, dem Anis, dem Ingwer und der Vanille mischen und zugedeckt ziehen lassen, solange der Reisbrei auskühlt. Den erkalteten Brei eßlöffelweise unter die Zitronensaftmischung rühren. Die Sahne sehr steif schlagen und den Honig unterziehen. Ist der Honig zu fest, läßt man ihn in einem etwa 40° warmen Wasserbad etwas flüssig werden. Die gesüßte Schlagsahne unter die Zitronencreme heben. Die Creme mit der restlichen abgeriebenen Zitronenschale bestreuen.

Tip: Statt mit Reisschrot kann die Creme auch mit Hirseflocken bereitet werden.

Keimlinge und grüne Sprossen

Hülsenfrüchte, das heißt die Samen der Hülsenfruchtpflanzen, sind – wie schon beschrieben – reich an Nährstoffen. Sie enthalten neben Eiweiß, Kohlenhydraten und Fett (die Sojabohne) Vitamine, am meisten die des B-Komplexes, einige auch Vitamin E. Außerdem sind sie alle reich an Mineralstoffen und Spurenelementen. In ihnen ruht wie in allen Samenkörnern der Keim, aus dem die neue Pflanze sprießt. Im Keim konzentrieren sich Vitalstoffe und Fett. Der Mehlkörper besteht bei Hülsenfrüchten wie bei Getreide hauptsächlich aus Stärke, die die Nahrung für den wachsenden Keimling bildet. Unter bestimmten klimatischen Bedingungen beginnen die Samen im Erdreich zu keimen. Sie benötigen eine Temperatur von einigen Graden über Null und viel Wasser. Von dem Zeitpunkt an verändern sich die Nährstoffe im Samenkorn, vor allem im Keim. Enzyme nehmen zu, ebenso Vitamine, Mineralstoffe und essentielle Aminosäuren. Das Energiepotential verstärkt sich gewaltig, damit die Pflanze aus dem dunklen Erdreich ans Licht wachsen und sich gleichzeitig verwurzeln kann. Wenn wir sprießende Keimlinge essen, führen wir uns damit eine sehr vitale Nahrung zu. Das in den rohen Bohnenkernen enthaltene Phasin ist in den Keimlingen nur noch in so geringen Spuren enthalten, daß man diese, wenn man gesund ist, ohne Gefahr ungekocht verzehren kann.

Keimgemüse ist zudem sehr sättigend. Es ist Kraftnahrung und hervorragend geeignet, Ernährungsdefizite auszugleichen. Kurmäßig sollten wir es vor allem im Frühjahr genießen, wenn wir uns nach frischer Pflanzenkost geradezu sehnen. Vor einem Zuviel sei allerdings gewarnt. Bei zu einseitiger Ernährung könnte es dazu kommen, daß wir trotz hochwertiger Kost mangelhaft versorgt wären. Außerdem vertragen nicht alle Menschen das frische Keimgemüse gut. Zu große Mengen können Verdauungsbeschwerden verursachen. Viele beobachten bei Kuren mit Keimlingen eine gesteigerte körperliche Fitneß, sie fühlen sich leistungsfähiger, werden aktiver. Einige klagen jedoch auch über innere Unruhe, Nervosität und Schlaflosigkeit. Wer das an sich beobachtet, sollte anfangs Keimlinge nur teelöffelweise genießen und nach und nach die Menge etwas steigern.

Die Kanadier stellten Versuche mit gekeimtem Samengemüse an. Sie sahen darin eine Möglichkeit, nach dem Zweiten Weltkrieg die hungernde Bevölkerung in Europa zusätzlich zum wenig nahrhaften Weißmehl und Milchpulver mit wertvoller Nahrung zu versorgen. Sie nannten die Sprossen aus Hülsenfrucht- und Getreidesamen »5-Tage-Gemüse«. Sie empfahlen statt der sonst gebräuchlichen Keimapparate, die Samen einfach auf angefeuchteter Sackleinwand auszubreiten, wodurch die Gewinnung des Gemüses vereinfacht und verbilligt würde. Dieses System hat sich nicht durchgesetzt. Es mag daran liegen, daß Keimlinge und Sprossen so rasch verderblich sind. Sie trocknen aus und verwelkte Keime können überdies giftig sein.

Für den Hausgebrauch ist diese Art der Frischgemüseerzeugung aber bestens geeignet, zumal dafür kein Garten nötig ist.

Was eignet sich zum Auskeimen?

Die Samen aller Pflanzen, deren Blätter und Stengel eßbar sind, können zum Keimen verwendet werden. Einige Nahrungspflanzen ergeben jedoch ganz besonders gutes Keimgemüse. Dazu gehören die uns bekannten Hülsenfrüchte und verschiedene Getreidearten. Weil beide Lebensmittel sich so gut ergänzen, sollen die Keimlinge von Hülsenfrüchten und Getreide hier auch gleich etwas näher beschrieben werden.

Keimlinge und grüne Sprossen

Bohnen: Zum Sprießen bringt man alle keimfähigen Bohnen im Keimapparat oder auf einem Teller, wie auf Seite 94 beschrieben. Freilich müssen die meisten Sorten etwa 8 Tage keimen, bevor die Sprossen zum Ernten lang genug sind.

Sojabohnen: Zum Auskeimen werden ausschließlich die kleinen grünen Mungobohnen verwendet. Sie keimen rasch und können bereits nach 2 Tagen gegessen werden. Spätestens nach 6 Tagen sollten die Sprossen geerntet werden. In dem Zeitraum zwischen 2 und 6 Tagen verwandeln sich die in ihnen enthaltenen Mineralstoffe in für den Körper leichter aufnehmbare Formen. Die Sprossen enthalten mehr Enzyme, die Vitamine A, B_1, B_2, B_{12} und C erhöhen sich beträchtlich. Cholin, ein spezieller Wirkstoff, der für den Stoffwechsel nötig ist, verzwanzigfacht sich sogar. Mungobohnen müssen zweimal täglich gewässert werden.
Die Sprossen von gelben Sojabohnen dürfen nur gekocht genossen werden. Roh enthalten sie ein Gift, das die Eiweißverdauung in den Zellen hemmt. Deshalb erübrigt sich ein Keimenlassen.

Erbsen: Gute Erfahrungen wurden mit grünen Erbsen gemacht. Wenn ihre Sprossen 2½ cm lang sind, haben sie ihr Gewicht fast verdoppelt. Sie sind also sehr ausgiebig. Läßt man grüne Erbsen bis auf 15 cm keimen, erhält man einen wohlschmeckenden grünen Salat. Erbsenkeimlinge sind reich an Vitamin B_2, B_3, B_{12} und E. Grüne Erbsen sind nach zehntägigem Keimen am schmackhaftesten. Sie werden einmal täglich gewässert.

Kichererbsen: Die Keimlinge der Kichererbsen enthalten alle essentiellen Aminosäuren, reichlich Vitamin A, B_1, B_2, B_3, B_{12} und C. Die Mineralstoffe Eisen, Kalium, Mangan, Phosphor und Zink haben sich in eine leichter aufnehmbare Form gewandelt. Die Sprossen schmecken am besten, wenn sie etwa 5 mm lang sind. Dafür müssen die Kichererbsen 4–5 Tage keimen und zwei- bis dreimal täglich gewässert werden.

Linsen: Die Keimlinge sind reich an Vitamin A, B_1, B_2, B_{12} und E. Linsensprossen schmecken würzig, leicht pfeffrig. Die Keimlinge können nach 3–4 Tagen geerntet werden und sind dann etwa 1 cm lang. Zwei- bis dreimal täglich wässern.

Luzerne (Alfalfa): Blaue Luzerne oder Schneckenklee ist der deutsche Name für die Schmetterlingsblütenpflanze. In den Sprossen der winzigen Samen sind wertvolle Nährstoffe konzentriert. Die Blätter enthalten das Provitamin A (Karotin), Vitamin C, D, E, und K_1, außerdem reichlich Eisen, Kalium, Calcium und Phosphor. Luzerne keimt rasch aus, wird jedoch erst nach 8–12 Tagen geerntet, weil die Sprossen etwas wachsen müssen, damit sie ergiebiger werden. Luzerne nur alle etwa 2 Tage wässern.

Getreide: Ähnlich wie bei Hülsenfruchtsamen kommt es auch beim keimenden Getreide zu einer Steigerung des Vitamingehalts, wobei beispielsweise nach einer sechsstündigen Keimdauer das Vitamin B_1 bereits um 50 Prozent zunimmt und sich nach 6 Keimtagen mehr als verdreifacht. Weist Kollath in seinem Buch »Die Ordnung unserer Nahrung« darauf hin, daß Vitamin E beim Keimen von Getreide abnimmt, so haben neuere Versuche ergeben, daß sich auch dieses Vitamin etwa nach einem Tag verdoppelt. Weizen, Roggen, Nackthafer und Nacktgerste sind gut zum Keimen geeignet. Hirse eignet sich nur ungeschält zum Keimen.
Am schmackhaftesten sind die Getreidekörner nach 2–3 Keimtagen; es zeigen sich dann bereits kleine weiße Sprossenspitzen. Doch soll man Getreidesprossen nicht länger als 2–3 mm werden lassen. Man wässert keimendes Getreide ein- bis zweimal täglich.

Das Keimen im Keimgerät

Wer einmal Gefallen an zartem Keimgemüse gefunden hat und es als festen Bestandteil in seinen Speiseplan mit einbeziehen will, dem sei die Anschaffung eines Keimgerätes empfohlen. Es gibt verschiedene Modelle im Handel. Das bekannteste ist bei uns sicher der »Bio-Snacky«, den man in Reformhäusern erhält. Der Apparat ist aus Plexiglas, also durchsichtig. Man kann zuschauen, wie die Samen darin keimen und Sprossen wachsen und grünen. Ein anderes Modell, durch Naturkostläden zu beziehen, trägt den Namen »Germoir M. S.«. Dieses Gerät ist aus Ton gefertigt. Das Keimen geschieht darin in der Dunkelheit, was dem natürlichen Keimen der Samen im Erdreich eher entspricht. Ansonsten sind beide Geräte gleich aufgebaut. Sie bestehen aus einer Wasserauffangschale, in die eine von drei gelochten Keimschalen eingesetzt wird. Auf diese werden die beiden anderen Keimschalen gestellt. Die oberste Schale wird mit einem Deckel abgedeckt. Sollen im Keramik-Keimapparat gezogene Sprossen grünen, nimmt man den Deckel ab und stellt den Turm ans Fester, so daß die Keimlinge in der obersten Schale Tageslicht bekommen.

Der Umgang mit dem Keimapparat

Im Keimgerät, in dem die Samen reichlich Flüssigkeit zur Verfügung haben, um sich vollsaugen zu können, geschieht das Auskeimen sehr viel rascher als im Erdreich. Außerdem treibt auch die Wärme die Keimlinge beschleunigt hervor. Der Arbeitsaufwand ist gering und die Methode einfach. Dennoch kann es geschehen, daß die ersten Keimversuche kein voller Erfolg sind. Das richtige Maß an Feuchtigkeit und eine günstige Temperatur zwischen 20 und 30° sind für das Aufgehen der Saat nötig. Bei höheren Temperaturen (jedoch nicht über 30°) wird das Auskeimen beschleunigt. Man muß den günstigsten Platz für das Keimgerät finden.
Ob Keimgemüse im »Bio-Snacky« oder in einem Keimgerät aus Ton gezogen werden soll, der Arbeitsablauf ist der gleiche. Nach Möglichkeit wird Samen aus biologischen Anbau verwendet. Für den ersten Versuch empfehle ich die unproblematischen und schnell keimenden Mungobohnen.
Zuerst das Saatgut einer Sorte in einem Sieb unter fließendem kaltem Wasser waschen und in eine der gelochten Keimschalen füllen. Nicht zuviel auf einmal säen, damit genügend Platz für die wachsenden Keimlinge vorhanden ist. Diese Schale in die Wasserauffangschale stellen und so viel Wasser einfüllen, daß die Samen gerade davon bedeckt sind. Wenn möglich, Quellwasser zum Wässern verwenden. Man bekommt es in Reformhäusern und Naturkostläden in Flaschen zu kaufen. Dann die anderen beiden Schalen daraufstellen und den Deckel auflegen. Das Keimgerät an einen warmen Platz in einem Raum mit Zimmertemperatur stellen. Am nächsten Tag die Keimschale abnehmen und die Samen vom Vortag in der Schale gründlich unter fließendem kaltem Wasser abspülen. In die zweite Keimschale nun ebenfalls nicht zu viele Samen der gleichen Art einfüllen. Das Wasser aus der Auffangschale zum Blumengießen verwenden. Es enthält viele gelöste Wertstoffe – Spurenelemente, Mineralstoffe – und ist ein guter Blumendünger. Die Auffangschale gründlich ausspülen, die neugefüllte Keimschale daraufsetzen und auf diese die Schale mit dem Keimgut vom Vortag geben. Dann Wasser auf die obere Keimschale gießen, es sickert durch die Samen in die Schale darunter und fließt in die Auffangschale. Die Samen in der unteren Keimschale sollen wiederum von Wasser bedeckt sein. Am dritten Tag die

letzte Keimschale mit gewaschenem Samen füllen. Diese in die Auffangschale setzen, darauf das Keimgut vom Vortag und darauf die Schale mit den gespülten Keimlingen vom ersten Tag. Dann wieder so viel Wasser in die oberste Schale gießen, daß die Samen in der untersten Schale von Wasser bedeckt sind. Am nächsten Tag sind die Keimlinge in der obersten Schale bereits reif zur Ernte. Man kann sie jedoch 1–2 Tage länger keimen lassen. Wichtig ist, daß das Keimgut nach dem ersten Keimtag jeweils gründlich gespült wird. Verbleibt es länger in der untersten Schale, weil die Keimlinge in der obersten Schale erst nach 4 oder noch mehr Tagen geerntet werden, darf es ab dem zweiten Keimtag nicht mehr im Wasser liegen, sondern nur noch befeuchtet werden. Nun also entsprechend weniger wässern.

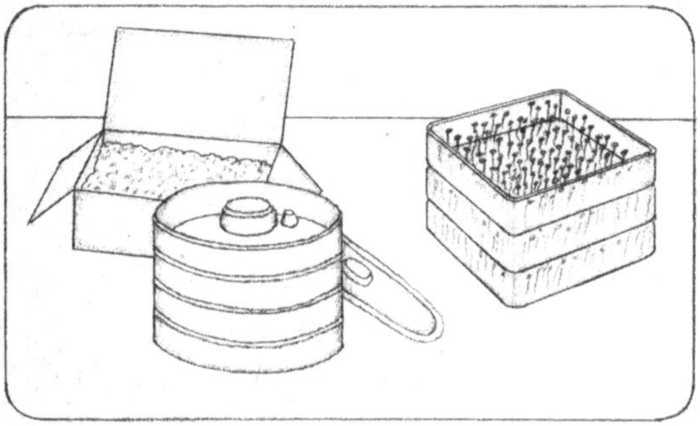

Keimgemüse aus Hülsenfrüchten oder Getreide bereichert den täglichen Speiseplan enorm. Im Keimgerät gelingt das Auskeimen problemlos.

Zieht man in allen drei Schalen Keimgemüse der gleichen Art, ist die Handhabung wie beschrieben ganz einfach. Schwieriger wird es, wenn man verschiedene Samen aussäen möchte. Zum einen müssen einige Arten zwei- bis dreimal täglich gewässert werden, andere dagegen nur alle 2 Tage. Zum anderen ist die Keimdauer bis zur Ernte verschieden lang. Man wählt deshalb Samen mit gleicher Keimzeit, etwa Weizenkörner, Linsen und Mungobohnen. Wir beginnen dann mit dem Weizen, der nur ein- bis zweimal täglich Wasser benötigt. Darauf folgen Mungobohnen, die mit zweimaligem Wässern zufrieden sind und dann folgen die Linsen, die zwei- bis dreimal täglich Wasser brauchen. Man wässert dann einmal, indem man den Weizen in der obersten Schale begießt. Beim zweiten Mal nimmt man die Schale mit dem Weizen ab und begießt die Mungobohnen und beim dritten Mal nimmt man den Weizen und die Mungobohnen ab und gibt nur noch den Linsen Wasser.

Hier einige Tips für das Keimen im Keimgerät:

- Die Keimschalen jeweils nach der Ernte gründlich unter fließendem Wasser reinigen und von Zeit zu Zeit in Essigwasser spülen. Das beugt der Schimmelbildung vor.
- Bei kleinem Saatgut wie Luzernen, Kresse oder Senf ein Mulltuch auf den Schalenboden legen, damit die Körner nicht durch die Löcher fallen.
- Nie zu viele Körner auf einmal einstreuen, damit die Keimlinge genügend Platz zum Wachsen haben.

Das Auskeimen ohne Keimgerät

Diese Methode erfordert Fingerspitzengefühl und Erfahrung, wenn sie erfolgreich sein soll. Bringen Sie anfangs nur kleine Mengen von rasch auskeimenden Samen zum Keimen. Die Samen auf einen flachen Teller streuen und am ersten Tage reichlich mit Wasser begießen. Den Teller mit einem durchsichtigen Deckel abdekken. Am zweiten Tag und dem darauffolgenden

Tag die Samen dreimal täglich spülen und so viel Wasser darübergießen, daß sie zwar genügend Feuchtigkeit aufnehmen können und nicht austrocknen, jedoch nicht mehr von Wasser bedeckt sind.
Bei dieser Methode benötigen die Samen mehr Aufmerksamkeit als im Keimapparat. Die Flüssigkeitsmenge läßt sich nicht so gut dosieren wie beim Keimen im Keimgerät. Eine Hilfe ist es, wenn man ein zwei- bis dreimal gefaltetes Mulltuch oder Leintuch zur Hälfte auf den Teller legt, die Samen darauf verteilt, mit der anderen Hälfte des Tuches bedeckt und dann vorsichtig wässert. Am ersten Tag reichlich wässern, danach sparsam, so daß das Tuch gut feucht ist, aber nicht im Wasser liegt. Die Gefahr der Schimmelbildung ist, läßt man in einem Mulltuch keimen, geringer. Die Samen brauchen dann nur noch am zweiten und dritten Tag gespült zu werden.

Die Verwendung von Keimgemüse

Die stärkste vitalisierende Wirkung hat Keimgemüse, wenn es roh gegessen wird. Beim Erhitzen werden teilweise Vitamine und Fermente zerstört. Deshalb sollte Sprossengemüse nur kurz und nicht zu hoch erhitzt werden, so daß die Sprossen noch etwas von ihrem frischen Geschmack und von ihrer festen knackigen Konsistenz bewahren. In Hülsenfruchtkeimlingen sind neben vielen Wertstoffen auch Spuren des in den getrockneten Samen vorkommenden Phasins enthalten. Phasin ist ein Giftstoff, der erst durch längeres Erhitzen der Hülsenfrüchte unschädlich gemacht wird. Von Hülsenfruchtsprossen deshalb wirklich nur kleine Mengen verwenden! Man kann die Bohnen, Erbsen oder Linsen, aus denen der Keimling gewachsen ist, mitessen. Während des Auskeimens und Wachsens der Sprossen werden auch die für uns giftigen Stoffe der Frucht größtenteils umgewandelt, so daß in ihrem Mehlkörper fast nichts mehr davon vorhanden ist.
Weil Keimgemüse eine so intensive Nahrung darstellt, ist es vor allem eine gute Zugabe zu anderen Speisen. Gerichte, die hauptsächlich aus Keimgemüse bestehen, sollten nur hin und wieder und nur in kleinen Portionen genossen werden. – Nachfolgend wird an einigen Beispielen gezeigt, wie die Hülsenfruchtgerichte und ihre jeweiligen Beilagen in diesem Buch sinnvoll und schmackhaft mit Keimgemüse ergänzt und aufgewertet werden können.

Erbsencremesuppe (Seite 18):
4 Eßlöffel gekeimte Luzerne mit der Petersilie auf die Suppe streuen.
Den Teig für die Kartoffelpuffer mit 2 Eßlöffeln im Mörser zerquetschter gekeimter Gerste anreichern.

Grüne-Erbsen-Suppe mit Tomaten (Seite 19)
3 Eßlöffel gekeimte Hirse an die fertige Suppe geben.

Flagoletbohnensuppe (Seite 21):
3 Eßlöffel gekeimte Weizenkörner mit der Petersilie auf die Suppe streuen.
Für den Trauben-Nuß-Auflauf nur 100 g Haferflocken, dafür jedoch 4 Eßlöffel gekeimte im Mörser zerquetschte Haferkörner verwenden.

Andalusische Kichererbsensuppe (Seite 24):
3 Eßlöffel gekeimte Roggenkörner an die fertige Suppe geben.

Ägyptische Linsensuppe (Seite 24):
Die Suppe mit 4 Eßlöffeln Kresse oder Senfsprossen anreichern.

Keimlinge und grüne Sprossen

Linsentopf mit grünem Gemüse (Seite 29):
Mit dem Schnittlauch 3 Eßlöffel Roggenkeimlinge unter die Suppe rühren.
Den Sauerkrautsalat mit 2 Eßlöffeln Luzernesprossen garnieren.

Ackerbohnen in Sahnesauce (Seite 30):
Den Fenchelsalat mit 3 Eßlöffeln Sojasprossen (Mungosprossen) mischen.

Süße braune Bohnen (Seite 30):
Für die Kräuterkartoffeln 2–3 Eßlöffel grüne Linsensprossen hacken und mit den Kräutern an die Eiersahne geben. Die Linsensprossen geben dem Gericht einen leicht pfeffrigen Geschmack.

Schwarze Bohnen mit Spinat (Seite 31):
Die Bohnen mit 2 Eßlöffeln gekeimter Hirse mischen. An den Reisschrot-Backlingteig 3 Eßlöffel Sojabohnensprossen (Mungobohnensprossen) geben.

Barbaras Curry-Linsen (Seite 32):
3 Eßlöffel gekeimten Weizen unter das fertige Gericht mischen.

Kräuter-Erbsen (Seite 32):
Statt der gebratenen Vollkornbrösel 2–3 Eßlöffel gekeimte Roggenkörner im Mörser zerquetschen und unter die Erbsen mischen.
Gebratene Kümmelkartoffeln mit 1 Eßlöffel Senfsprossen verfeinern.

Erbsenpüree (Seite 34):
Das Erbsenpüree mit 2–3 Eßlöffeln gekeimten, im Mörser zerquetschten Roggenkörnern anreichern oder den gekeimten Roggen unzerkleinert an die Roggengrütze geben.

Linsenpüree (Seite 34):
2–3 Eßlöffel grüne Linsensprossen unter das fertige Püree rühren.

Kichererbsenpüree (Seite 35):
Das Erbsenpüree statt mit gerösteten Sesamkörnern mit 2 Eßlöffeln Sesamkeimlingen bestreuen.
Den Fellachensalat mit 1 Eßlöffel Hirsekeimlingen vollenden.

Süßes indisches Erbsenpüree (Seite 35):
Unter das Erbsenpüree 3 Eßlöffel im Mörser zerquetschten, gekeimten Hafer mischen. Den Bulgur mit 2 Eßlöffeln Sojasprossen überstreuen.

Salat aus Limabohnen (Seite 37):
Mit den Bohnen 3 Eßlöffel gekeimte Weizenkörner in der Salatsauce wenden.
An den Teig für Betreide-Bratlinge 2 Eßlöffel Luzernesprossen geben.

Linsenpaste (Seite 36):
Das würzige Linsenpüree schmeckt besonders gut, wenn man 2–3 Eßlöffel gehackte grüne Linsensprossen unterzieht.

Rot-weißer Bohnensalat (Seite 37):
3 Eßlöffel gekeimte Gerstenkörner unzerkleinert mit den Bohnen und dem Gemüse mischen.

Westfälisches Bohnengericht (Seite 40):
Reichlich Gartenkresse an den Rote-Bete-Salat geben.

Polenta-Auflauf mit Azukibohnen (Seite 40):
Den grünen Salat mit 2 Eßlöffeln Azukibohnensprossen mischen.

Linsen in Auberginen (Seite 43):
Unter den Reis 2–3 Eßlöffel gehackte grüne Linsensprossen mischen.
Den Fellachensalat mit 1 Eßlöffel unzerkleinerten gekeimten Weizenkörnern bestreuen.

Keimlinge und grüne Sprossen

Linsenspätzle (Seite 44):
Den Sauerkrautsalat mit 3 Eßlöffeln gekeimten Roggenkörnern anreichern.

Mungobohnen-Tomaten-Kasserolle (S. 44):
Dem grünen Salat 3 Eßlöffel Sojasprossen (Mungobohnensprossen) beimischen.

Sojabohnen-Auflauf (Seite 46):
3 Eßlöffel gekeimte Hirse unter das Kartoffelpüree rühren. Den Spinatsalat mit 1 Eßlöffel Hirsesprossen bestreuen.

Erbsenkranz (Seite 47):
Die Grünkerngrütze mit 2–3 Eßlöffeln im Mörser zerquetschten Weizenkeimlingen anreichern oder die Weizenkeimlinge unter den Rapunzelsalat mischen.

Soja-Backlinge (Seite 47):
Unter den Teig für die Backlinge 3 Eßlöffel Sojasprossen (Mungobohnensprossen) mischen.

Linsenhaferflocken-Bratlinge (Seite 48):
Statt 150 g Haferflocken 100 g Haferflocken und 4 Eßlöffel zerquetschte, gekeimte Haferkörner mit den Linsen mischen. Den Topinambursalat mit 1 Eßlöffel Linsenkeimlingen bestreuen.

Ägyptisches Bohnengericht (Seite 49):
2 Eßlöffel Senfsprossen über das fertige Gericht streuen.

Brasilianischer Bohnenpfannkuchen (S. 50):
3 Eßlöffel gekeimte Weizenkörner unter den Spinatsalat mischen oder vor dem Braten unter den Bohnenbrei rühren.

Kreolisches Bohnengericht (Seite 53):
Die Weizengrütze mit 3 Eßlöffeln gekeimten Weizenkörnern anreichern.

Indischer Bohnen-Kürbis-Curry (Seite 53):
Das fertige Gericht mit Kokosflocken und zusätzlich mit 3 Eßlöffeln Sesamsprossen bestreuen oder 2–3 Eßlöffel Azukibohnensprossen unterrühren.

Kichererbsen-Koteletts (Seite 55):
Die gekochten Kichererbsen mit 3 Eßlöffeln Kichererbsensprossen mischen und durch den Fleischwolf drehen oder im Mixer zerkleinern. Den Selleriesalat mit 2 Eßlöffeln gekeimten Weizenkörnern anreichern.

Sojafritters in Joghurtsauce (Seite 58):
Die angerichteten Sojafritters mit 3 Eßlöffeln Sojasprossen (Mungobohnensprossen) bestreuen.

Kichererbsenfladen (Seite 59):
2 Eßlöffel im Mörser zerquetschte Roggenkeimlinge unter den Erbsmehlbrei rühren.

Linsen-Frühlingstorte (Seite 60):
2–3 Eßlöffel gekeimte Hirse an die Linsenmasse geben oder den Chicoréesalat mit Hirsesprossen bestreuen.

Teigtaschen mit Hülsenfruchtfüllung (Seite 61):
An die Füllung 2–3 Eßlöffel gekeimte Hülsenfrüchte geben, und zwar die gleiche Art wie die für die Füllung verwendeten. Den Teig mit 2 Eßlöffeln im Mörser zerquetschten, gekeimten Weizenkörnern anreichern.

Hülsenfruchtpastete (Seite 62):
An die Füllung 2–3 Eßlöffel gekeimte Hülsenfrüchte geben, und zwar die gleiche Art wie die für die Füllung verwendeten. Den Teig mit 2 Eßlöffeln im Mörser zerquetschten, gekeimten Weizenkörnern anreichern.

Zutaten und Zubehör

Einige der Zutaten, die in den Rezepten dieses Buches häufig verwendet werden, sind vielleicht nicht jedem bekannt. Bei einigen üblichen Zutaten bedarf es für ihren Gebrauch in der Vollwertküche einiger Erläuterungen. Alle aufgeführten Waren gibt es im Reformhaus oder im Naturkostladen zu kaufen.
Zum Schluß dieses Kapitels habe ich auch einige Spezialtöpfe erwähnt, die für die Getreide- und Hülsenfruchtküche nützlich sind.

Agar-Agar: pflanzliches Geliermittel aus getrockneten Meeresalgen, als fadenförmige Algen oder gemahlen im Reformhaus erhältlich. Agar-Agar enthält natürliches Jod und ist achtmal so quellfähig wie herkömmliche Gelatine, die aus entfetteten Tierknochen hergestellt wird. Agar-Agar ist ein gutes Darmpflegemittel. Man kann das Pulver zu geriebenem Apfel oder geschlagener Banane zu sich nehmen und etwa 15 Minuten nach der Einnahme 1–2 Tassen heißen Kräutertee nachtrinken. Agar-Agar quillt auf und reinigt dabei den Darm.

Ahornsirup: dünnflüssiger Sirup aus dem Saft junger kanadischer Ahornbäume. Ahornsirup ist nicht ganz so süß wie Honig, aber sehr aromatisch. Der Sirup wird in einem langen, recht arbeitsaufwendigem Verfahren gewonnen. Doch ist er ein reines Naturprodukt ohne Zuckerzusatz. Er ist dementsprechend kostbar. Verwenden Sie ihn wie ein Gewürz teelöffel-, höchstens eßlöffelweise.

Apfelessig: besonders bekömmlicher, mild schmeckender Essig aus Apfelsaft mit 5 Prozent Säure; zum Bereiten von Salatsaucen ideal. 3 Teelöffel Apfelessig mit 1 Teelöffel Honig in 1 Glas kohlensäurearmes Mineralwasser verrührt, ergibt ein gesundes und erfrischendes Getränk.

Apfel- oder Birnendicksaft: durch Einkochen stark reduzierter natürlicher Saft von Äpfeln oder Birnen ohne weitere Zusätze. Beide Sorten sind wohlschmeckende Süßungsmittel. Dicksaft zum Abrunden von Hülsenfruchtgerichten und Salaten wie ein Gewürz teelöffelweise verwenden, für Süßspeisen eßlöffelweise.

Dörrobst (Backobst): nur ungeschwefelte Ware kaufen. Schwefeldioxyde und Sulfite dürfen bei der Behandlung von Dörrobst in zehn- bis vierzigmal so hohen Mengen wie für andere Lebensmittel als Zusatzstoff verwendet werden. Schwefeldioxid steht im Verdacht, krebserregend zu sein. Auch ungeschwefeltes Backobst vor der Verarbeitung gründlich warm waschen.

Gekörnte Gemüsebrühe: dieses Produkt wird aus Gemüse, Kräutern, Meersalz und Hefeextrakt hergestellt. Gekörnte Gemüsebrühe ist reich an essentiellen Fettsäuren und enthält kein Cholesterin. 2 gestrichene Teelöffel davon genügen für ¼ l Brühe. Sie eignet sich zum Würzen von Hülsenfrucht- und Getreidegerichten und ersetzt notfalls eine Brühe aus frischem Gemüse.

Getreide: Im Mittelpunkt der Vollwertküche steht das Getreide. Das volle Korn zu Grütze, Schrot, grob oder mehlfein gemahlen, bildet die Grundlage einer gesunden Ernährung. Gerade die Randschichten vom Korn mit dem Getreidekeim sind besonders wertvoll. Sie enthalten fast alle B-Vitamine, vor allem Vitamin B_1, und essentielle Fettsäuren, wertvolles Eiweiß, reichlich Mineralstoffe, Enzyme und Spurenelemente. Ißt man vorwiegend Produkte aus Auszugsmehl – Brötchen, Weißbrot, auch Mischbrot, helle Teigwaren, Kuchen – ist man trotz reichlicher Kalorienversorgung mangelernährt. Unter den Auswirkungen eines solchen Ernährungsdefizits haben bereits Schulkinder zu leiden. Vitamin-B-

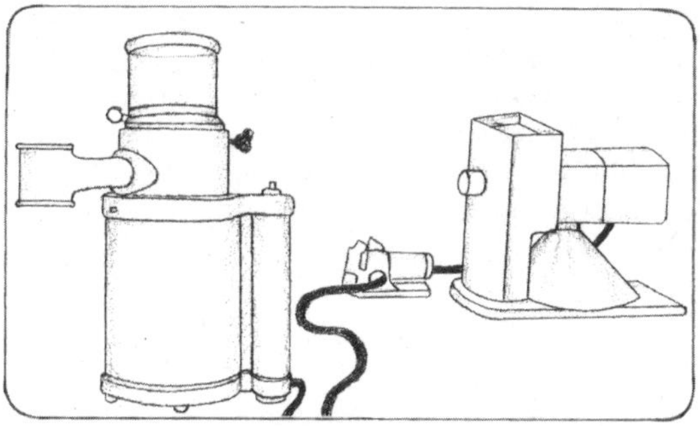

Vollkorngetreide sollte stets unmittelbar vor der Verwendung in der Küche frisch gemahlen werden. Eine Haushaltsmühle leistet hier gute Dienste.

Mangel ist eine mögliche Ursache von Konzentrationsschwäche. Andererseits wird auch vor dem Verzehr von Vollkorngetreide gewarnt, weil die Randschichten Schadstoffe und Rückstände von chemischen Spritzmitteln enthalten. Schadstoffe aus der Luft und dem Wasser können auch in biologisch angebautem Getreide enthalten sein. Rückstände von Pestiziden, Insektiziden und Herbiziden enthält solches Getreide freilich nicht. Denn diese Mittel werden im biologischen Landbau nicht verwendet. Deshalb möglichst Getreide aus kontrolliertem Anbau kaufen. Gemahlenes Getreide verliert rasch an Wertstoffen, deshalb die Körner immer erst, wenn sie gebraucht werden, schroten. Es gibt zu diesem Zweck eine reiche Auswahl an Haushaltsmühlen. Reformhäuser und Naturkostläden mahlen Getreide auch auf Verlangen.

Ingwerwurzel: Frische Ingwerwurzeln gibt es in guten Obstgeschäften zu kaufen. Es sind verzweigte knollenähnliche Gebilde. Sie schmecken pfeffrig, leicht süßlich und duften stark. Zum Würzen werden sie geschält und gerieben. In jedem Lebensmittelgeschäft bekommt man getrocknete Ingwerwurzeln. Man reibt sie wie Muskatnuß direkt in das zu würzende Gericht.

Kanne Brottrunk: ein milchsauer eingelegtes Gärungsprodukt aus Vollkornbrot, Wasser und Rosinen. In Osteuropa kennt und schätzt man seit Jahrhunderten ein ähnliches Getränk, das »Kwass« heißt. Brottrunk ist sehr erfrischend und wohlschmeckend. Man kann ihn wie Essig zum Würzen verwenden. Er trägt auch zur besseren Verträglichkeit von Vollkorngerichten bei.

Kräutersalz: eine Mischung aus feinem Meersalz und gemahlenen Würzkräutern. Kräutersalz kann durch seinen aromatisch-würzigen Geschmack Kochsalz sparen helfen, vorausgesetzt man verwendet davon nicht mehr für ein Gericht als die sonst übliche Menge herkömmlichen Salzes.

Mandelmus: Nußmuß und Mandelmus ist nichts anderes als besonders fein gemahlene Nüsse oder Mandeln. Von dem in diesen Früchten reichlich enthaltenen Fett (Öl) hat es seine pastenartige Beschaffenheit. Zuweilen setzt sich das Öl an der Oberfläche ab. Das Mus dann gut durchrühren, damit sich das Öl wieder gleichmäßig verteilt. Mandel- und Nußmus kühl, dunkel und gut verschlossen aufbewahren. So hält es sich auch nach dem Öffnen des Glases einige Wochen frisch.

Milchsauer eingelegtes Gemüse: durch Milchsäuregärung gesäuertes – ohne Hitzeeinwirkung, Essig oder Alkohol – auf natürliche Weise haltbar gemachtes Gemüse. Unter bestimmten Bedingungen, richtiger Temperatur, Salzkonzentration und entsprechendem Druck nehmen die an der Gärung beteiligten Mikroorganismen, Bakterien und Hefen im Gemüse zu. Milchsäure entwickelt sich und verhindert Fäulnisbildung und Zerfall des Gemüses. Milchsauer eingelegtes Gemüse enthält viel Vitamin C, Vitamin B_{12} und Enzyme. Es wirkt im Körper nicht säurebildend. Milchsäurebakterien siedeln sich auf allen

Pflanzen an – besonders auf solchen, die dicht am Boden wachsen. Sie sind äußerst empfindlich und vertragen keinen Kunstdünger und kein Spritzen mit chemischen Mitteln. Gemüse, das durch Milchsäuregärung haltbar gemacht werden soll, muß deshalb biologisch-organisch gezogen worden sein.

Meersalz: Meersalz ist wie anderes Speisesalz eine Verbindung aus Chlor und Natrium, doch es enthält noch eine große Menge anderer Mineralsalze und Spurenelemente und ist deshalb für unsere Ernährung wertvoller als Salinensalz. Wir sollten uns unserer Gesundheit zuliebe generell bemühen, den Salzkonsum einzuschränken.

Naturreis: Im Gegensatz zum polierten Reis, der von allen Randschichten und vom Keim befreit ist, sind die Körner des Naturreis entspelzt, jedoch noch von dem Silberhäutchen und der Aleuronschicht umgeben und enthalten den Keim mit seinem wertvollen Fett und Eiweiß. Naturreis schmeckt würzig und kocht körnig. Er benötigt zum Garwerden doppelt so lange wie polierter Reis. Es empfiehlt sich Naturreis vor dem Garen einige Stunden im Wasser quellen zu lassen. Dann ist er nach 20–30 Minuten Garzeit weich.

Rübensirup: dick eingekochter Zuckerrübensaft, also Zucker im organischen Zusammenhang mit Mineralstoffen und Vitaminen. Rübensirup schmeckt aromatisch und würzig.

Säfte, naturreine: Einige erfahrene Experten der Vollwerternährung lehnen den Genuß von Säften, auch von naturreinen ab, weil sie Teilprodukte sind, nämlich die aus dem Fruchtfleisch gepreßte Zellflüssigkeit. Im Preßrückstand sind tatsächlich viele Vitamine und Mineralstoffe enthalten. Verschiedene Fruchtspeisen schmecken jedoch einfach besser und sehen appetitlicher aus, wenn sie statt mit Wasser und einem Süßungsmittel beispielsweise mit Apfelsaft oder Johannisbeersaft bereitet werden. Wenn wir Säfte in der Vollwertküche verwenden wollen, sollten diese in jedem Fall von Obst oder Gemüse aus kontrolliertem biologischem Anbau stammen, naturtrüb, nicht erhitzt und nicht gezuckert sein.

Sucanat: ein Granulat aus Zuckerrohrsaft. Sucanat enthält alle B-Vitamine des Zuckerrohrs und ist deshalb qualitativ dem braunen Zucker weit überlegen. Sucanat ersetzt Industriezucker vor allem dann, wenn eine fertige Speise noch mit etwas Zucker bestreut werden soll.

Tahin: eine Paste aus Sesam. Wie Mandelmus oder Nußmus besteht sie nur aus gemahlenem Samen. Tahin ist leicht bitter im Geschmack und zäh in der Konsistenz. Man gibt es zuletzt löffelweise in das Hülsenfruchtgericht. Tahin wird beim Erhitzen geschmeidig und wirkt stark bindend wie eine dicke sämige Sauce. Der leicht bittere Geschmack verliert sich. Tahin gibt es in Gläsern in Naturkostläden zu kaufen.

Tomaten häuten: In der »feinen Küche« werden Tomaten stets gehäutet. Das Prinzip der Vollwertküche ist es zwar, Obst und Gemüse ungeschält zu verwenden, doch Tomatenhäute sind recht hart und können in einem Gericht störend wirken. – Zum Häuten die Tomaten am runden Ende kreuzweise einschneiden und in einem Gefäß mit kochendem Wasser übergießen und 1 Minute im heißen Wasser liegen lassen. Die Tomaten aus dem Wasser heben und die am Einschnitt aufspringende Haut abziehen.

Vollkornbrösel: die gesunde Alternative zu den sonst üblichen Semmelbröseln. Vollkornbrösel brauchen wir zum Überbacken von Hülsenfruchtgerichten, zum Lockern von Füllungen oder zum Panieren von Bratlingen. Es gibt sie fertig zu kaufen. Man kann sie auch sehr einfach selbst herstellen, indem man altbackene Vollkornbrötchen oder auch Vollkornbrot mit einem hohen Weizenanteil feinreibt. Das ist eine empfehlenswerte Methode, altbackenes Brot sinnvoll zu verwerten.

Zitronen: Wird die Schale von Zitronen oder Orangen als Gewürz verwendet, müssen die Früchte in jedem Fall unbehandelt sein. In Naturkostläden gibt es Zitrusfrüchte, die völlig unbehandelt, also auch nicht gewachst sind. Man sieht es an der kaum glänzenden, trockenen Schale. Diese Früchte bevorzugen. Die Schale kann man zum späteren Gebrauch auf natürliche Weise konservieren, indem man die Früchte wäscht, abtrocknet, dünn schält und die Schalen an der Luft völlig trocknen läßt. Die trockenen Schalen in Schraubgläsern dunkel aufbewahren.

Zubehör: Gerichte aus Hülsenfrüchten benötigen eine relativ lange Gar- beziehungsweise Nachquellzeit. Im Handel gibt es eine Reihe von Töpfen, in denen wertschonend und energiesparend gegart werden kann. Drei meiner Meinung nach sehr gute Spartöpfe möchte ich hier kurz vorstellen.

Beka-Simmertopf: für Gerichte, die nicht kochen sollen, sondern knapp unter dem Siedepunkt garen. Dieser Topf eignet sich besonders gut zum Ausquellen von Getreidegerichten. Das Getreide muß vorher in einem anderen Topf angekocht und dann in den Simmertopf umgefüllt werden. Der Simmertopf besteht ähnlich wie eine Thermosflasche aus einem Außenmantel und einem Glaseinsatz. Der Zwischenraum wird mit Wasser gefüllt. Bei schwacher Hitzezufuhr kann das Getreide oder auch das Hülsenfruchtgericht nachquellen. Ein Pfeifventil zeigt an, wann das in dem Einsatz befindliche Wasser kocht.

Perfekto-Turmdünster: für energiesparendes Turmkochen. Die einzelnen Töpfe haben einen Kamin, eine Öffnung, durch die der Dampf von einem Topf in den anderen ziehen kann. Der unterste Topf, in dem das Wasser kocht, enthält besondere Steine, die die Ablagerung von Kalk an den Topfwänden verhindern soll. Die Töpfe bestehen aus Glas, die Hülle aus Aluminium.

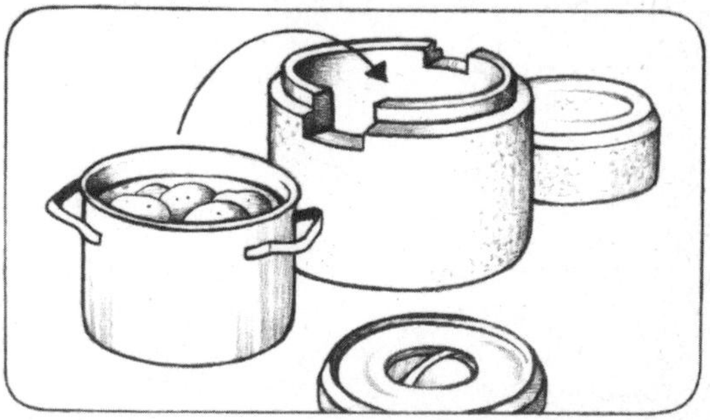

Getreidegerichte gelingen in der Spar-GarBox besonders leicht. Diese moderne »Kochkiste« von SUS ist eine sehr gute Energiespar-Hilfe.

Spar-Garbox: eine perfekte Kochkiste aus Kunststoff mit einem dazugehörigen Kochtopf. Der Topf hat einen geschliffenen Boden mit einer Kupfereinlage. Das ermöglicht auf dem Elektroherd ein rasches Ankochen.

Rezept- und Sachregister

Kursiv gesetzte Seitenzahlen verweisen auf Farbbilder.

Naturgemäße Ernährung durch biologische Vollwertkost:

Ingrid Früchtel · **Das große Vollkorn-Kochbuch**
Dieses erste große Vollkorn-Koch- und Backbuch bringt umfassende Informationen zu jeder Frage der Vollkornküche und zeigt, wie man mit Vollgetreide und naturbelassenen Lebensmitteln ganz besonders gut und köstlich kochen und backen kann. Tips für den Einkauf, hilfreiche Hinweise für spezielle Küchengeräte und für die Getreidezubereitung sowie ein „Backkurs" für die Getreidebäckerei vervollständigen diesen aktuellen Ratgeber. 132 Seiten mit 12 großformatigen Farbtafeln und vielen informativen Zeichnungen.

Eva Rittinger · **Das biologische Vollwert-Kochbuch**
Der komplette Ratgeber der biologischen Ernährung = lebendigen Vollwertkost. Er bringt die besten Rezept-Ideen für Salate, Rohkost, Gemüse und Wildgemüse, für Hülsenfrüchte, Kartoffeln, Getreide, Brot, Kuchen, Gebäck und Desserts, die in jeder Küche gelingen. So zubereitet bleiben die wertvollen Inhaltsstoffe erhalten. So gelingen die hochwertigen und köstlich schmeckenden Mahlzeiten ganz sicher – mit Zutaten, die es überall zu kaufen gibt. 132 Seiten mit 12 großformatigen Farbtafeln und vielen informativen Zeichnungen.

Ingrid Früchtel
Das neue vegetarische Kochbuch
Der umfangreiche Ratgeber für alle Freunde der modernen vegetarischen Küche, der eine optimale, naturgemäße Ernährung ermöglicht. Er bringt die besten vegetarischen Rezept-Ideen, von Rohkost über raffiniert-pikante Hauptgerichte bis zu Selbstgebackenem, und zeigt, wie gut man ohne Fleisch mit naturbelassenen Zutaten kochen kann. Spezielle Tips für richtiges Einkaufen und Zubereiten, für besondere Zutaten und Küchengeräte sowie Menüvorschläge runden den Rezeptteil ab. 132 Seiten mit 12 großformatigen Farbtafeln und vielen informativen Zeichnungen.

Ingrid Früchtel
Das große Vollkorn-Backbuch
Das große Spezialbuch für alle, die gerne vollwertig backen – mit naturbelassenen Lebensmitteln. Alles über das Backen mit Vollgetreide, Brot, Kuchen, Plätzchen, Strudel, Waffeln, pikantes Backwerk und vieles mehr: hier gelingt alles und schmeckt köstlich. Viele Tips aus der Praxis – zu Getreidemühlen, Backgeräten und Zutaten – machen das Backen leicht. Das umfassende alternative Backbuch. 132 Seiten mit 12 großformatigen Farbtafeln und vielen informativen Zeichnungen.

GU
Gräfe und Unzer

Rezept- und Sachregister

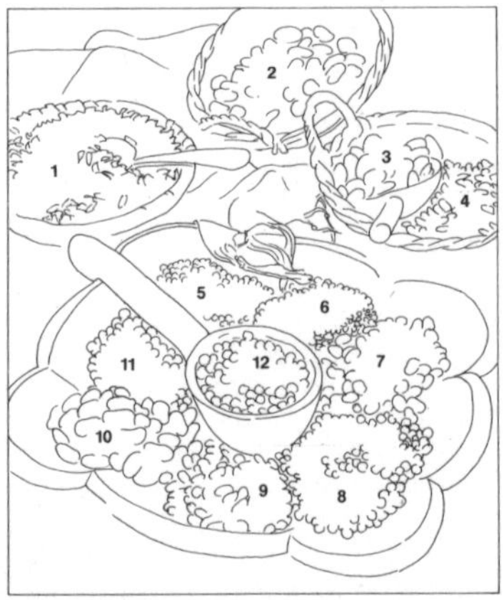

Hülsenfrüchte bringen Abwechslung in die Küche wenn man sich nur ihrer breiten Palette bedient:
1 schwarze Bohnen, **2** dicke Bohnen (Pferdebohnen, Saubohnen), **3** Limabohnen, **4** weiße Bohnen, **5** Azukibohnen, **6** Linsen, **7** Pintobohnen (Wachtelbohnen), **8** Sojabohnen, **9** Kidneybohnen, **10** Feuerbohnen, **11** gelbe Erbsen, **12** grüne Erbsen.